やさしいシリーズ 21

BCM（事業継続マネジメント）入門

小林 誠・渡辺 研司 共著

日本規格協会

はじめに

　最近，世界各国で人災，自然災害，企業不祥事など，組織が関係する様々なインシデント（リスク事象）が起きています．こうした事象によって，組織の運営が困難になったり，時には存続そのものが危うくなったりすることも珍しくなく，これにより雇用が確保できないなどの社会的な影響も出るようになってきています．

　現代社会では，一組織の活動が引き起こした事態がその関係者にまで及び，さらには社会的な損失にまで及んでいくことは珍しいことではありません．

　そのために，組織の経営能力の向上が期待されており，BCMに限らず，リスクマネジメント，CSRなど組織の社会的責任の自覚を促す各種規格やガイドラインが検討され，公開されるようになっているのです．また，防災の分野においても，単に災害予防という視点だけでなく，企業等の組織が災害時にいち早く復旧することが求められるようになり，それがわが国固有の，自然災害に対するBCMの検討につながっているといえましょう．

　どのようなマネジメントであれ，世界の誰もが平和に，そして穏やかに暮らせることが究極の目的です．このために，BCMの分野にも，いろいろな考え方があってもかまいません．組織の自主的な取組みが基本であり，多様性があるのが当たり前ともいえます．しかし，国際標準化機構（ISO）での標準化の論議や，英国規格協会（BSI）がスタートさせたBS 25999-2による事業継続マネジメントシステム（BCMS）の認証制度など，国際的な大きな流れの中でBCMのあり方が検討されている今日では，国際的に流通する基本的な考え方からあまり離れて検討しない方が実際的といえるでしょう．

　本書はそうした観点から，BCMの多様性は認めつつも次のようなBCMのベースラインは確保してほしいという願いを込めて書かれてい

ます．
① BCMは基本的に原因事象に着目して検討するのではなく，組織が受けるインパクトに着目して検討すべきものであること（インパクト・ベース）
② 想定外の事象でも臨機応変に対応できる仕組みを検討すること
③ BCPがすべてではなく，重要なのはBCMであること
④ 国際的な整合性を意識しつつ，体系的な取組みを行うべきであること

　こうした視点を踏まえたBCMの体系としては，英国事業継続協会（Business Continuity Institute：BCI）の『BCM実践ガイドライン（BCM Good Practice Guidelines）』によることがもっともふさわしいと考えています．本書はそのガイドラインの内容をもとに，はじめてBCMに携わる人や改めてBCMの考え方を勉強したいと思う方々を読者として想定した入門書です．入門書なので考え方の提示に重きを置き，平易な解説を心がけました．

　さらに実践的なことをお知りになりたい方は，2006年に出版された『危機管理必携　事業継続マネジメント（BCM）構築の実際』（日本規格協会）と併せてお読みいただければ，一層理解が深まると考えます．

　なお，上記のベースライン（基本）を理解するためには，欧米のBCMにかかるカタカナ用語を理解することが大切です．巻末の資料2にまとめましたのでご活用ください．

　本書が皆様の組織のBCM推進及び定着の一助になれば幸いです．
　2008年11月

　　　　　　　　　　　　　　　　　　　　　　　　　　　小林　誠

目　　次

はじめに

第1章　BCM総論

1.1　BCMの意味，意義　10
　(1)　BCMとは？　10
　(2)　BCMと防災の違い　11
　(3)　BCMは企業だけのものではない　13
1.2　BCMの必要性　14
　(1)　BCMはなぜ必要か　14
　(2)　BCMは中小企業にも必要　16
　(3)　取引先からBCPを要求されたら　18
1.3　用語の整理　20
　(1)　BCMとBCPとの違い　20
　(2)　事業インパクト分析（BIA）とは　21
　(3)　目標復旧時間（RTO）とは　23
1.4　BCMの歴史　25
1.5　BCMの最新動向　27
　(1)　国内の規格，ガイドラインの動向　27
　(2)　海外の規格，ガイドラインの動向（国際規格を含む）　30
　(3)　BCM導入企業の動向　37

第2章　Q＆Aで知るBCMの実際

2.1　共通事項　44
　(1)　BCMサイクル（BCMの構築と維持・更新の手順）　44
　(2)　事業の理解とは　46

(3) 基本方針の大切さ　47
　　(4) 専任者や専門部署の設置　48
2.2　事業の理解
　Q 1　事業インパクト分析（BIA）はなぜやらなければならないのですか？　50
　Q 2　事業インパクト分析（BIA）はどんなふうにやるのですか？　52
　Q 3　リスクアセスメントはなぜやるのですか？　54
　Q 4　リスクアセスメントのやり方は？　56
　Q 5　リスクアセスメントと事業インパクト分析（BIA）は何が違うのですか？　58
2.3　BCM 戦略
　Q 6　BCM の費用対効果はどのように考えればよいですか？　60
　Q 7　BCM を対象とした補助金などの助成制度はありますか？　62
　Q 8　要員の確保と配置はどのようにすべきですか？　64
　Q 9　代替拠点（事業所）の手配が難しい場合，どのように考えればよいですか？　66
2.4　個別の BCP の策定
　Q 10　BCM とリスクマネジメント，危機管理との関係は？　68
　Q 11　マスコミへの対応についてあらかじめ決めておくべきことは何ですか？　70
　Q 12　ステークホルダーへの連絡，周知はどのようにすべきですか？　72
　Q 13　BCP において特に重要なことは何ですか？　74
　Q 14　BCP と法令等で決められている計画（消防計画）との関係は？　76
　Q 15　BCP のひな形はありますか？　78
　Q 16　新しいリスク（新型インフルエンザなど）に対する計画はど

う考えればよいですか？　80
- **Q 17**　なぜ部署ごとに計画を立てなければならないのですか？　82
- **Q 18**　どのように部門計画を作ればいいですか？　84
- **Q 19**　部門計画で決めなければならない対応項目は何ですか？　86

2.5　訓練及びメンテナンス
- **Q 20**　訓練にはどのような種類があるのですか？　88
- **Q 21**　計画の更新はどのタイミングで行うべきですか？　90
- **Q 22**　監査すべき項目は何ですか？　92
- **Q 23**　監査はどのように行うのですか？　94

2.6　BCM 文化の醸成
- **Q 24**　社内の BCM に関する意識レベルはどのように測ればよいですか？　96
- **Q 25**　一生懸命やっているのに従業員の意識が上がりません．何かよい方法はないですか？　98
- **Q 26**　従業員の教育・意識啓発のためにどのような方法がありますか？　100
- **Q 27**　トップにわかってもらうにはどうしたらよいですか？　102
- **Q 28**　トップに参加してもらうにはどうしたらよいですか？　104

2.7　その他
- **Q 29**　情報セキュリティと BCM の関連はどうなっていますか？　106
- **Q 30**　BCM に取り組んでいる企業の市場からの評価はどのような状況ですか？　108

資料 1　自治体がまとめたガイドライン　110
資料 2　主なカタカナ用語の定義（50 音順）　111
引用・参考文献　113

第1章 BCM総論

BCM（事業継続マネジメント）は，大変広範囲の事柄を扱います．そのためこの章では，BCMの内容を解説する前に，BCMの意味，使用される用語の解説，BCMの歴史，BCMを取り巻く国内外の動向などについて，初めに説明することによって，BCMの全体像を把握できるようにしています．

1.1 BCM の意味, 意義

(1) BCM とは？

BCM とは，Business Continuity Management の略で，日本語では「事業継続マネジメント」（以下「BCM」と呼ぶ）と呼ばれることが多くなってきました．

定　義

経済産業省が 2005 年 3 月に公表した『事業継続計画策定ガイドライン』では，英国規格を参照して，BCM は次のように定義されています．

　組織を脅かす潜在的なインパクトを認識し，利害関係者の利益，名声，ブランド及び価値創造活動を守るため，復旧力（レジリエンシー）及び対応力を構築するための有効な対応を行うフレームワーク，包括的なマネジメントプロセスを指す．

（出典：事業継続計画策定ガイドライン）

特　徴

この定義の解釈から，BCM には次のような特徴があることがわかります．

① インパクトを認識すること（インパクト・ベース）

BCMでは，ある出来事（「インシデント」といいます）が発生したときに生じる組織の中断や混乱に着目します．その中断や混乱の重大性は，組織が受けるインパクト（衝撃）とその継続期間です．BCMは，**インシデントの種類はあまり関係なく，事業中断にかかるインパクトを認識し，その大きさと継続期間を小さくすることを主眼とするマネジメント**なのです．

② 対応力だけでなく，レジリエンシーも構築する（高める）

レジリエンシーとは，何かに障害が生じた後も，運営を継続できることを示すために使用される用語です．BCMはこの組織のレジリエンシ

ーも高める取組みなのです.組織全体のレジリエンシーを高められれば,組織がその運営能力の一部または全部を失っても存続できるようになります.これもまた,重要な目的なのです.

③　包括的なマネジメントプロセス

緊急事態への対応を事前,事後に分けた場合,このBCMを事後対策だと考えるのは誤った考え方です.類似の概念にリスクマネジメントがありますが,BCMとは違うところがあります(第2章Q10参照).

主な違いは,BCMでは突然の事態かつ事業の中断をもたらす事態を主たる対象にしている点です.このため,リスクアセスメントにより組織にとって重要なリスクを明らかにして,その事前対策を講じることも対応力の向上の一部と考えられています.BCP(事業継続計画)の策定だけがBCMではありません.

BCMは,**事前対策と事後対策を講じることにより,①インシデントの発生時にも事業活動レベルの低下を抑え(インパクトの軽減),②回復時間を短縮させることの両方を達成する包括的なマネジメント**なのです.

(2)　BCMと防災の違い

公的ガイドラインの考え方

2005年に公表された中央防災会議の『事業継続ガイドライン第一版』は,ガイドラインの特徴として,防災を導入部として,BCMに展開していくことを次のように提案しています.

> 自然災害を熟知する日本企業は,事業継続計画を作っても実際の被害は様々で想定どおりの被害にならず無駄と感じやすいのではないかとの認識に立ち,計画策定の意義を説明し,着手方法を提案している.具体的には,はじめに想定する災害として重大な災害リスクで海外からも懸念の強い「地震」を推奨し,その後,段階的に想定する災害の種類を増やしていく現実的なアプローチを例示している.

（出典：事業継続ガイドライン第一版）

　一方，2008年3月に公表された中小企業庁の『中小企業BCPガイド』では，防災は「従業員の生命と会社の財産を守ることが目的」であり，BCPは，「会社が，緊急時に，限られた経営資源で生き抜くための計画」であるとし，明確に異なる考え方であるとされています．
　また，経済産業省の『事業継続計画策定ガイドライン』には次のように書かれており，リスク別のBCMのあり方に疑問を投げかけています．

> 　リスクごとにBCPを作成すれば，企業として危機発生後，対策の漏れは少なくできる．しかしながら，すべてのリスクについてBCPを作成すれば，そのコストは多大なものになり，また企業内に浸透させる場合も効率的に実施できなくなる．
>
> （出典：事業継続計画策定ガイドライン）

リスク・ベースかインパクト・ベースかの違い

　BCMと防災の大きな違いは，防災がリスク事象ごとの対応策（リスクベース）なのに対し，BCMはリスク事象の結果生じる事業の中断や混乱に主眼をおいている点（インパクトベース）にあります．例えば，防災では，主に大地震や台風・洪水などの自然災害を対象として，その予防策やそれが起きた直後の対応を主な対象にしているのに対し，BCMでは，組織の事業が中断することが問題であって，それを引き起こす事象は何でもよいという考え方に立っています．問題は組織が被るインパクトなのです（図表1.1参照）．
　また，リスク事象だけに着目していると，想定外の事象が起きたときに，対応が難しくなってしまいます．BCMでは，想定外の出来事（インシデント）が起きたときも，インパクト（企業が受ける影響）の程度に応じて機動的に体制が整えられるようにしておくのです．
　ただし，BCMでも予防や被害軽減などの事前対策については，イン

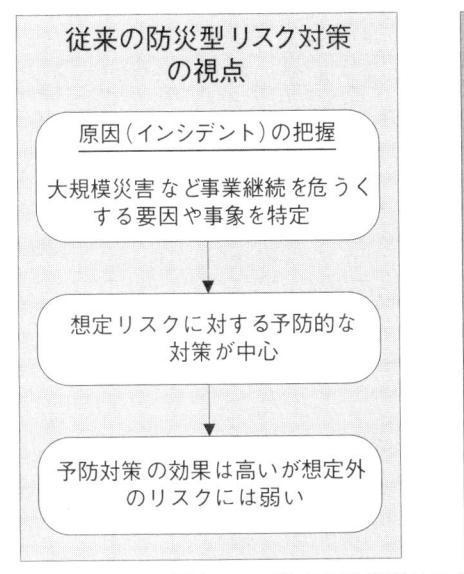
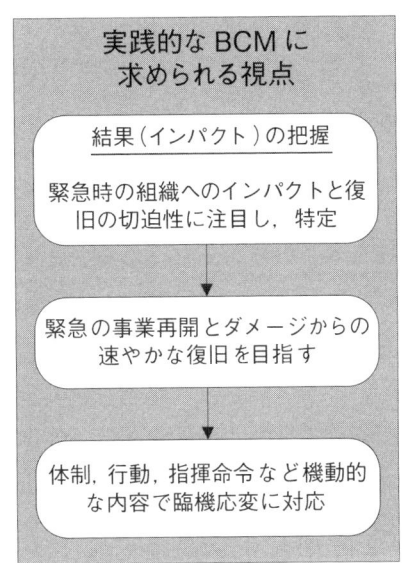

図表 1.1　従来の防災型リスク対策と BCM との比較

シデント（リスク事象）別に検討する必要があり，そのために行うのがリスクアセスメントであり，インシデントマネジメント計画の策定でもあります．

(3)　BCM は企業だけのものではない

BCM の B が"business"であるために，BCM は企業のためのものという誤解があります．米国では，民間企業と区別するために省庁の事業継続を COOP（Continuity of Operations）と呼ぶことがあります．

米国の COOP とは

米国の国土安全保障省の連邦危機管理庁（FEMA）がガイドライン（Federal Preparedness Circular：FPC65，2004 年改定）を策定し，COOP 計画に含まれるべき点を示しています．米国連邦政府の省庁はこのガイドラインに基づいて，緊急時にシステムやインフラの復旧をさせ，主要な日常業務が中断されることのない体制を整備しています．
　FPC65 に基づく計画の項目は，BCP とあまり変わりません．

英国等の公的機関は

米国に対して，英国やその他の国々では必ずしもOperationにこだわっていません．例えば，英国のCivil Contingency Act（2004年）は，民間防衛の枠組みを規定した法律ですが，英国の組織が緊急事態に対して，準備，対応及び復旧をすることを求めています．その中では民間企業も自治体についてもBCMという用語で統一されています．

わが国では，2007年に『中央省庁業務継続ガイドライン第1版』が発行されましたが，その中の表記は「業務継続計画」に統一されています．

統治の継続（Continuity of Governance）

このように，呼び方は様々なものの，民間企業でも公的機関でもBCMの要素は必要とされていますが，公的機関，特に官公庁では，業務の継続性という問題のほかに安全保障の観点から，「統治の継続（Continuity of Governance）」の確保という非常に重要な課題があります．

米国では，大統領令としてPDD 67（Enduring Constitutional Government and Continuity of Government Operations）が公布され，憲法に則った政府機能の持続及び連邦制度の継続のために，「政府の持続（ECG）」，「統治の継続（COG）」及び「COOP（Continuity of Operations）」という三つの政策概念を核としています．

官公庁等の公的機関のBCMを考える際に，こうした安全保障の面を除外して論じることはできないでしょう．

1.2　BCMの必要性

(1)　BCMはなぜ必要か

企業にとってBCMが必要な理由は二つあります．

外的な要求

わが国にはまだ企業に対してBCMの取組みを強制している法律はありませんが，災害対策の分野では，大規模地震対策を主として，企業の

対策として復旧・復興や地域貢献を求めている条例等が見られるようになってきました．このほか，ガイドライン（指針）と称して企業にBCMの取組みを推奨するものは，官公庁，自治体，そして業界が独自に作成しています（中央官庁のガイドラインについては図表1.7参照）．

自社の属する業界のガイドラインの有無を調べておくことは重要です（図表1.8参照）．

また最近では，製造業を中心として，サプライチェーンで仕事をすることが増加しており，これによって，サプライチェーンの一企業が事故や災害等の緊急事態によって操業が停止してしまうと，サプライチェーン全体が停止してしまうという事態が起きるようになりました．このため，サプライチェーンの中核企業によって，サプライチェーン各社のBCMの取組みについて指導等が行われるようになりつつあります．いわば，商取引上の強い要求事項といえましょう．特に，自動車メーカや精密機械メーカなどではその傾向が強いようです．

企業価値の向上

事業の中断が発生したときに，技術的な対応と経営者のリーダーシップの両方がうまく機能してはじめて，うまくその事態を収拾することができます．

緊急事態が起きてその影響を受けてしまった企業を分析した研究があります（第2章Q30参照）．それによると，被災企業は，「回復する企業」と「回復しない企業」の二つの明確なグループに分けられるといいます．企業が危機に適切に対応した場合，その株価は長期的には値上がりし，危機を適切に管理しなかったと認識された企業の株価は下落し，1年後にもまだ回復していなかったといいます．また英国では，リスク，BCM，及びガバナンスに予算をかける企業ほど，それぞれの業種の中で収益率が高いことが示されています．このことは，BCMがコストではなく投資であるといえるのではないでしょうか（図表1.2参照）．

今後，BCMを導入した企業はリスクマネジメントや危機管理がしっかりした会社であるとの評価を受け，企業価値が向上するでしょう．ま

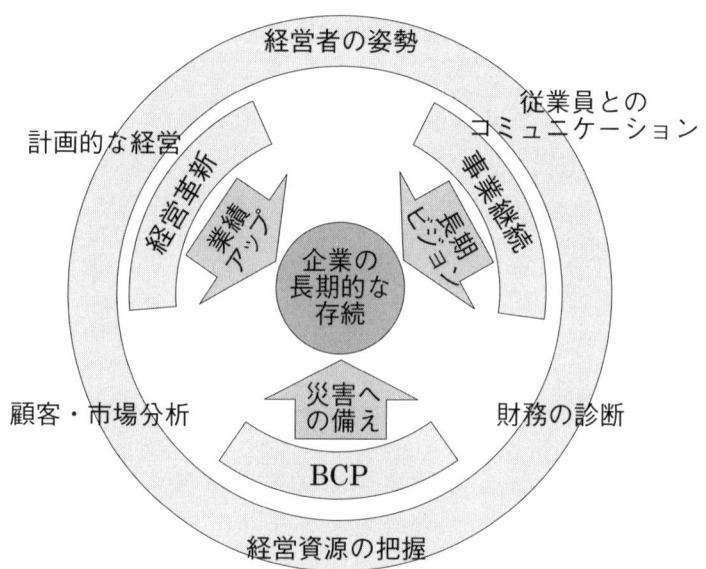

図表 1.2 BCM と企業の長期的な存続

た，緊急事態に遭遇したときに，取引先や地域社会，従業員とその家族に対してできることを対策として実施しておくことがその企業の信頼性を高めるのは間違いありません．

(2) BCM は中小企業にも必要

中小企業になぜ BCM が必要かについては，中小企業庁の『中小企業 BCP 策定運用指針』の冒頭に的確にまとめられています．

> わが国では毎年，地震，台風，集中豪雨等の自然災害が数多く発生し，全国の中小企業の皆様が直接間接の被害を受けておられます．中小企業は国内企業数の 99％超を占め，わが国の経済基盤を支える大変重要な存在です．災害で被害を受けた中小企業の事業中断は，そのまま廃業や倒産といった事態につながりかねません．また，それが長期にわたれば，被災地の地域経済はもとより，わが国経済全体に深刻な影響を及ぼしかねません．
> …（中略）…

> 　もっとも効果的な災害対策とは，中小企業の皆様お一人お一人に事前の備えをしっかりと講じていただき，万一災害に遭っても被害そのものが少なくなるようにすることです．
>
> （出典：中小企業BCP策定運用指針）

　つまり，わが国の産業構造は中小企業で成り立っており，中小企業だからBCMをやらなくていいということはまったくないわけです．また，大企業に比べ，中小企業は事業中断の経営への影響を受けやすく，廃業や倒産といった，いわゆる企業危機に陥りやすいのです．

　さらに，中小企業は地域の構成員として，地元密着の企業が多く，地域社会への責任もあります．災害等に備えて住民と協力して取り組んだり，災害時等に貢献できることを相談しておくことも容易です．そうすることによって自社への理解も深まるでしょう．

　しかし，中小企業は大企業と異なり，経営資源が豊かなわけではありません．このため留意しておくことが三つあります．

① 　従業員の協力を得ること

　事業の継続・復旧は従業員の協力なしにはできません．災害時に経営者はどう行動するか，従業員にどう行動してほしいか，従業員の家族が被災したら何ができそうかを話し合うことが，日頃の連帯につながります．

② 　経営資源の質や量を考えた「身の丈サイズ」の対策を行うこと

次に，会社の体力を超えるような対策は長続きしません．自社のヒト，モノ，カネを考慮して，その範囲で無理のない対策を講じていくことが結局は役に立つものになっていくはずです．

③　簡易的な BCM から始める

また，BCM は大変奥の深いマネジメントです．はじめから難しい「あるべき姿」に挑戦するのではなく，まずは災害に対する事前準備と災害が起きた直後の初動対応だけでも決めておくことから始めるといいでしょう．このため，中小企業庁の『中小企業 BCP 策定運用指針』では，BCM を簡易的な「基本コース」，標準的な「中級コース」，応用編である「上級コース」に分けています．この基本コースから始めることが大切です．詳しくは，『BCM 構築の実際』（日本規格協会，2006）をご参照ください．

(3) 取引先から BCP を要求されたら

最近，取引先から BCP の策定や BCM への取組みを求められることが増えてきました．これは先に述べたように，企業の仕事が自分だけで行うのではなく，分業，つまりサプライチェーンの中で行うようになってきたためです．

取引先から見れば，自社で事業継続の対策をどんなに講じていても，川上や川下の企業が自社と同等に BCM ができていなければ，モノやサービスの受入れや提供ができなくなり，何も被害がないにもかかわらず，事業を中断しなければならなくなります．これはその取引先にとって事業中断が起きたのと同じでしょう．

これが，取引先が BCP の策定を求めることが増えてきた主な理由です．BCP 策定や BCM 取組みの要求が出てきた場合に留意すべきことは次の二つです．

①　BCM の基準が必要
②　実践の仕組みが必要

第 1 章　BCM 総論

基準が必要

取引先からの要求に仕様がある場合には，それを聞きましょう．もしなければ，どのガイドライン（指針）に準拠すればよいのかを聞きましょう．わが国の中央官庁が公開しているものは，図表 1.7 のとおりです．

また，例えば海外企業からの要求のように，国際的な基準に合致していることが求められる場合には，英国規格である BS 25999-2 という事業継続マネジメントシステムに関する認証規格がありますので，ISO 規格が制定されるまでは，それに準拠するとよいでしょう．

この規格は「BS 25999-2：2007　Business continuity management—Part2：Specification（事業継続マネジメント—第 2 部：仕様）」といい，BCM に関するマネジメントシステムの要求事項について，文書を有することを要求しています．つまり，BCP を要求するということは，計画書の策定だけでなく，それを実行することまで含まれていると考えるべきなのです．

実践の仕組みが必要

わが国の官公庁の BCP ガイドラインでも，計画書づくりのほかに取組みの流れなど実践の仕組みが提示されています．これは経営管理の基本である P（Plan：計画），D（Do：実行），C（Check：点検），A（Act：

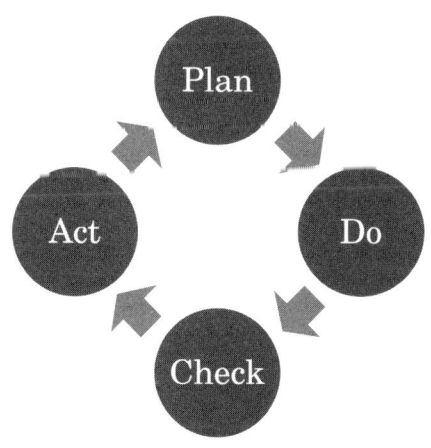

図表 1.3　BCM も PDCA サイクル

見直し)と同じです(図表1.3参照).この四つの要素を回す仕組みを構築することが要求されていると考えたほうがよいでしょう.

1.3 用語の整理

(1) BCM と BCP との違い

BCM と BCP を同じものと考えている人がいるようです.

BCM は Business Continuity Management(事業継続マネジメント)の略で,BCP は Business Continuity Plan(事業継続計画)の略です.BCM はマネジメントですから,その基本は PDCA です.そして,その中の一要素である Plan に相当するのが BCP なのです.

BCM や BCP については様々な定義がありますが,英国の認証規格 BS 25999-2 では図表1.4のように定義されています.この定義でもわかるように,**BCP は基本的に文書のことを指し,BCM はマネジメントプロセスのことを指しています**.これが国際的な理解です.

図表1.4 BCP と BCM

BCP	組織があらかじめ定めた許容可能なレベルで,その重要な活動を実施し続けることを可能とするため,何らかのインシデント発生時に備え,開発され,まとめられ,維持されている文書化された一連の手順及び情報の集合体.
BCM	組織への潜在的リスクや,そのようなリスクが現実となった場合に引き起こされる可能性のある事業運営上の影響を特定する,包括的なマネジメントプロセス.このプロセスにより,組織の主要なステークホルダーの利益や,組織の評判,ブランド,価値創造活動を守ることについて効果的に対処できるようになり,組織の回復力・復元力を構築するためのフレームワークが提供される.

ところがわが国では,BCP の前段階であったコンティンジェンシープラン,消防計画などのように,マネジメントより計画づくりの方が理解されやすいこともあって,計画づくりを主体とした取組みについては BCP と一般的に呼ばれるようになってしまいました(図表1.7参照).そのことを端的に表しているのが,中央防災会議が策定した『事業継続

ガイドライン第一版』です.

> "ここでいう計画とは,単なる計画書の意味ではなく,マネジメント全般を含むニュアンスで用いられている.マネジメントを強調する場合は,BCMとする場合もある."
>
> (出典:事業継続ガイドライン第一版)

しかし今後,事業継続マネジメントシステム(Business continuity management system:BCMS)の認証制度が普及し始めたとき,BCP／BCM／BCMSの区別を明確にしておかないと,マネジメントシステムにおいて,もっとも重要な組織の構成員への周知・理解を得ることが難しくなることが予想されます.BCMも環境マネジメントシステムや品質マネジメントシステムと同じ枠組みが必要であることを明確にしておきましょう.というのも,BCMSでもPDCAサイクルとそれに基づく継続的改善が求められるからです.

(2) 事業インパクト分析(BIA)とは

事業インパクト分析(Business Impact Analysis:BIA)とは,事業の中断や混乱に際して,組織の事業・業務及びプロセスが時間の経過とともに受けるインパクトを評価することをいいます.この分析で次のことを明らかにします.

① 事業継続・復旧の優先順位付け
② ボトルネックの特定
③ ボトルネックの機能を継続させる方法の検討
④ 目標復旧時間(Recovery Time Objectives:RTO)の設定

より具体的には,米国のFFIECのBCPハンドブックを例にとると,このBIAでは,次のようなことを行っていきます.FFIECのガイドブックは英国のBS 25999と大変高い親和性をもっています.

① 社内・他社との相互依存性を含め，事業・業務（基幹事業・業務）の評価及び優先順位付けをワークフロー分析として実施する．特に，クリティカルな事業・業務（基幹事業・業務）は必ず実施する．
② 自社の事業・業務にかかる制御できないインシデントによって起きる可能性のある事業の中断（混乱）を時間軸に沿って特定する
③ 自社の事業・業務に関する法規制上の要求条件を明確に把握する．
④ 自社の事業・業務に関して，どの程度の損失を受け入れられるか，そして最大許容停止時間（MTPD）を見積もる．
⑤ 目標復旧時間（Recovery Time Objective：RTO），目標復旧ポイント（Recovery Point Objective：RPO）及びクリティカルパスの復旧を見積もる．

BIA のやり方は，その程度によって異なりますが，基本は次の3種類です．
① ワークショップ
② アンケート調査
③ インタビュー調査

BCM では，自社のクリティカルな業務（基幹業務などといわれます）を選別し，優先度の高いものから再開していきます．このため自社の事業や業務に優先順位をつけていく必要がありますが，わが国の防災のように「人命第一」という優先順位はあらかじめついていません．このため，従業員の多数決など民主的な方法でクリティカルな業務やその影響などについて，上記のように分析を行い，順位付けをする必要があります．このプロセスが BIA です．専門家が科学的にリスク分析をするということではなく，民主主義の原則をもって，総合的に社内の合意形成を図っていくのです．このために，BIA の主な手法は単なるアンケート，インタビュー調査にならざるを得ないのです．そして，このプロセスを通じることによって，従業員の意識の向上や BCM 文化の醸成を図って

いくことができるのです.

したがって,トップが独裁的に物事を決めていく会社,人数が少なくて議論の余地のない会社など,多数決で解決しなくても優先順位などが不満なく決められる会社では事業インパクト分析(BIA)は不要なのです.

(3) 目標復旧時間(RTO)とは

目標復旧時間とは,Recovery Time Objective(s)の訳語で,通常「RTO」と記されます(注:経済産業省の『事業継続計画策定ガイドライン』だけは,Required Time Objective の略としていますが,世界的にはあまり使用されていません).

定 義

このRTOは,英国規格BS 25999では「インシデント発生後に,製品,サービス又は活動の供給を再開するために設定する目標時間」と定義されています.またRTOは,最大許容停止時間(MTPD)よりも短くなければならない,とされています.

つまり,インシデントの発生によって中断された事業活動を復旧する場合,組織は,その存続が危うくなるほどの事態にまで至ることを望まないはずです.そうならない時間内に,事業活動の復旧や再開を図れるように余裕をもって,比較的短い目標時間を設定することが必要なのです.

しかし,だからといって,現実的に実行不可能な目標時間を設定することは好ましくはありません.一般に,目標とする復旧の期間が短いほど,それを実現するための対策費は高くなります.したがって,費用を最小限に抑えるには,短すぎることのない適切なRTOを定めることが重要です.

最大許容停止時間(MTPD)とは

RTOを支える重要な時間の概念に「最大許容停止時間」があります.これはMaximum Tolerable Period of Disruption の訳語で,通常は

MTPD と略して,記されます.

 MTPD とは,「**事業活動が再開できない場合に,組織の存続が決定的に脅かされる状態になるまでの時間**」のことを指します.MTPD は,BIA の結果をもとに,事前に想定する時間概念です.この MTPD の見積もりが甘かったり,信頼性に欠けていたりすると,RTO の信頼性もゆらいでしまいます.

 以上のことから,RTO の設定には次のような留意が必要となります.
① RTO は,事前対策の充実度とのバランスで設定し,実行不可能な時間を設定しない(精神規定ではない).
② RTO は,組織の存続が危うくなる前に事業活動を再開できるように,MTPD より短く設定する.
③ RTO は,復旧中に予期しない問題が発生した時でも余裕をもって対処できるように設定することが望ましい.

目標復旧ポイント(RPO)とは

 IT 分野では,コンピュータデータの喪失をどれだけ許容できるかを示す概念時間として,目標復旧ポイント(RPO:Recovery Point Objective,経済産業省のガイドラインでは Required Point Objective と呼んでいます)を設定することがあります.これを図示すると,図表 1.5 のようになります.この RPO を極力短くすることがデータ復旧には重要ですが,その設定についても,上記 RTO 設定の留意点と同じことがいえます.

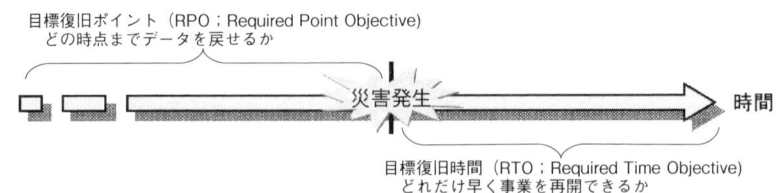

図表 1.5 RTO と RPO
(出典:経済産業省(2005):事業継続計画策定ガイドライン)

1.4 BCMの歴史

事業継続（Business Continuity）のルーツはDR（Disaster Recovery：災害復旧）です．DRは1950年代から60年代にかけて主に米国で現れたもので，多くの企業が書類や電子データ等のバックアップを代替サイトに保管したのが始まりです．Disaster（災害）という言葉は，わが国でいう自然災害にとどまらず，コンピュータの故障や不調の類までを含む概念です．

以下に，米国でのDRからBCへの変遷をまとめます．

DRといっても，初期の時代には，データのバックアップを自社で定期的に行っていただけでしたが，1970年代なると，データ等の保管サービスの提供を行う業者が現れ，その後，代替サイトを提供する市場が確立するようになりました．代替サイトは，ホットサイト，ウォームサイト，コールドサイトの三つに分けられます．ホットサイトとは，遠隔地に通常サイト（データセンターなど）と同じシステムを導入した施設を準備し，通常サイトのトラブルを検知すると自動で切り替えられ，ただちに処理が続行できる予備施設のことで，災害発生後の復旧をもっとも迅速に行えます．データも完全に同期しています．ウォームサイトは，ホットサイトに似ていますが，通常サイトのデータと同期をとらずに，業務の再開を容易にするシステムだけをすべて用意しておくものです．コールドサイトとは，遠隔地にバックアップ用機器の設置場所だけを確保しておき，被災時に必要な機器を搬入し代替させるものです．

1980年代には，代替サイト市場に米国全体で数百の事業者が参入したといわれています．また，ホットサイトも大規模な金融機関のデータ処理センターのためのDR対策として人気を集めました．1983年に連邦通貨監査官事務所（OCC）が金融機関にDRP（Disaster Recovery Plan：災害復旧計画）の策定を求めたのが体系的なDRの始まりです．それまで特に決まった指針もなかったので，DRPの多くは構外の保管施設へのテープ輸送に関する事項であったといいます．また，1989年

になって，連邦金融機関検査委員会（FFIEC）がDRPの文書化，維持，テストを金融機関に求めるようになり，DRにもPDCAが導入されるようになりました．

その他にも多くの規則類が制定されましたが，このFFIECの規制がもっとも包括的なものであったといわれています（図表1.6参照）．

1990年代に入ると，DR産業に影響を与えるコンピュータ革命が起こり，ほとんどの企業がメインフレームを中心とした環境から分散コンピュータ環境に移行していきました．

このコンピュータ革命によってDRは，膨大なハードウェアとソフトウェアを対象とすることとなり，その概念が大きく変わっていきました．

こうした環境変化の中，1990年代の後期までに，DRは"Business Continuity（事業継続）"という言葉に取って代わられたといってもよいでしょう．その後，2000年に起きたコンピュータ西暦2000年問題や2001年9月11日のアメリカ同時多発テロ事件がDRからBCへの流れを決定づけたとともに，BCがコンピュータ部門の施策ではなく，企業全体の重要課題であることを明確にしたといえましょう．

今日，米国ではBCについて全米防火協会（NFPA）によってNFPA 1600という規格が制定され，国土安全保障省（DHS）がそれを支持しています．このNFPA 1600は，「災害／緊急事態管理及び事業継

図表1.6　FFIECのBCP Handbook

続プログラムに関する規格」(Standard on Disaster/Emergency Management and Business Continuity Programs)として米国では広く知られています．この流れは，緊急事態管理をベースとして，BCがその延長線上にあることを物語っています．

年代は，国によって変わりますが，このITとビジネスの関係の変化がDRからBCへの転換になっていったことは，どの国でも変わりはありません．

1.5 BCMの最新動向

(1) 国内の規格，ガイドラインの動向

主な公的なガイドライン

これまで海外諸国やISOの動きと平行して，日本でもBCM関連のガイドラインや指針が2005年から策定・公開されてきましたが，現在の状況は図表1.7のとおりです．このほか自治体から公表されたガイドラインがありますが，それは巻末の資料1にまとめました．

図表 1.7　主な公

名　称	主管省庁 (公表年月)	特　徴 (BCP の定義)
事業継続計画策定ガイドライン	経済産業省 (2005 年 3 月)	潜在的損失によるインパクトの認識を行い，実行可能な継続戦略の策定と実施．事故発生時の事業継続を確実にする継続計画．事故発生時に備えて開発，編成，維持されている手順及び情報を文書化した事業継続の成果物．
事業継続ガイドライン第一版	中央防災会議 (2005 年 8 月)	災害時に特定された重要業務が中断しないこと，また万一事業活動が中断した場合に目標復旧時間内に重要な機能を再開させ，業務中断に伴う顧客取引の競合他社への流出，マーケットシェアの低下，企業評価の低下などから企業を守るための経営戦略．
中小企業 BCP 策定運用指針	中小企業庁 (2006 年 2 月)	企業が自然災害，大火災，テロ攻撃などの緊急事態に遭遇した場合において，事業資産の損害を最小限にとどめつつ，中核となる事業の継続あるいは早期復旧を可能とするために，平常時に行うべき活動や緊急時における事業継続のための方法，手段などを取り決めておく計画のこと．
中央省庁業務継続計画ガイドライン	内閣府-防災担当 (2007 年 6 月)	業務立ち上げ時間の短縮や発災直後の業務レベル向上といった効果を得て，高いレベルでの業務継続を行える状況に変えることを通じて，適切な業務執行を行うことを目的とした計画．
建設会社のための災害時の事業継続簡易ガイド	国土交通省関東整備局 (2007 年)	災害や事故で被害を受けても取引先等の利害関係者から要望される事業継続を追求する計画．
地方公共団体における ICT 部門の業務継続計画 (BCP) 策定に関するガイドライン	総務省 (2008 年 8 月)	災害・事故で被害を受けても，重要業務をなるべく中断させず，中断してもできるだけ早急に（あるいは，許容される中断時間内に）復旧させる「業務継続」を戦略的に実現するための計画．
IT サービス継続ガイドライン	経済産業省 (2008 年 9 月)	事故や災害などが発生した際に，「どのように事業を継続させるか」，もしくは「どのように事業を目標として設定した時間内に再開させるか」について様々な観点から対策を講じる計画自体．

第 1 章　BCM 総論

的なガイドライン

策定経緯	備　考
経済産業省の「企業における情報セキュリティ・ガバナンスのあり方に関する研究会」の報告書の参考資料として公開したガイドライン．情報セキュリティの観点が強いものの，業務オペレーションや人員の確保といった，IT 以外の分野も含めた幅広い範囲で事業継続を捉えている．	http://www.meti.go.jp/policy/netsecurity/downloadfiles/6_bcpguide.pdf
主として大規模地震を想定事象とした事業継続計画策定のガイドラインで，第一版として公開され，現在は，業界団体を通じた展開や，企業評価のあり方などについての議論が継続されている．	http://www.bousai.go.jp/MinkanToShijyou/guideline01.pdf
中小企業であっても事業継続を確保できるよう，自己診断や計画策定を支援するようなツールを WEB 上で利用できるように設計されている．現在は，各地の商工会議所などでの講習会を通じて全国の中小企業への普及・啓発活動が展開されている．また 2008 年 3 月には，別途，『中小企業事業継続計画(BCP)ガイド～緊急事態を生き抜くために～』を公開している．	http://www.chusho.meti.go.jp/bcp/index.html
日本政府の中央官庁向けに策定され，各省庁に非常時の優先業務を特定して事前に継続に必要な資源や段取りを準備することを促している．これに基づき具体的に各省庁が業務継続計画を策定しており，例えば金融庁などは 2008 年 6 月より WEB 上でその内容を公開している．なお，参考までに米国にはすでに行政が導入している緊急時業務継続計画 COOP（Continuity of Operation）がある．	http://www.bousai.go.jp/jishin/gyomukeizoku/index.html
管轄地域の建設業界を対象として公開している．	http://www.ktr.mlit.go.jp/kyoku/saigai/bcp/kanigaido.pdf
題名のとおり，地方公共団体における情報システム部門の業務継続計画（BCP）策定のためのガイドラインであるが，情報システム分野のみではなく，地方公共団体の業務との関連を強く意識して計画を策定するための枠組みを示している．	http://www.soumu.go.jp/s-news/2008/pdf/080626_2_bs1.pdf
組織の業務を支える情報システムやネットワークの継続性を確保するための枠組みを，組織の事業継続計画（BCP）との連関を重視する形で示している．本ガイドラインは，英国で策定され公開中の PAS 77（IT Service Continuity Management）もその骨格を参照している．この PAS 77 は，すでに第三者認証規格となっている BS 25999 との整合性を保つために改訂され，2008 年 8 月にパブリックコメントを求めるため BS 25777 のドラフトとして公開された．	http://www.meti.go.jp/policy/netsecurity/downloadfiles/itsc_gl.pdf

業界団体がまとめたガイドライン

自治体と企業，さらには住民を含めての役割分担を考慮して体系的に整理することは重要なことですが，企業の業界団体も中央官庁や自治体の動きを受けてガイドラインを策定しつつあります（図表1.8参照）．

図表1.8のほか，百貨店業界（日本百貨店協会）が2007年3月に来店客の安全確保などの観点も含めた『百貨店のためのBCPガイドライン』を策定，また，日本ホテル協会，日本貿易会なども業界の特有性を考慮したガイドラインをそれぞれで策定しています．

(2) 海外の規格，ガイドラインの動向（国際規格を含む）

海外の規格やガイドライン

海外では英米を中心に新たにガイドラインや規格を策定したり，類似したものを事業継続マネジメントに即した枠組みに改訂したりしながら，国内規格や法案として導入し，すでに実際の個別組織への導入の展開を推進しています．ここではわが国の組織に関連が出てくる可能性の高い主なガイドラインや規格の動向を簡単に概説します．

① 英　国

英国事業継続協会（BCI）と英国規格協会（BSI）が2003年に公開したBCMにかかわるガイドラインをベースに，主要産業界からのフィードバックを反映した改訂を経て，2006年6月にBS 25999-1を公開しました．このBS 25999-1はガイドラインですが，2007年11月には第三者認証用のBS 25999-2が公開され，英国内の組織にとどまらず日本も含めた国外の組織もこの認証を取得し始めています．ISOで

第1章　BCM総論

図表1.8　主な業界のBCMガイドライン

名　称	所　管 （公表年月）	概　要	備　考
半導体産業向け事業継続ガイドライン	SEMIジャパン （2004年8月）	SEMI北米地区事業継続協議会が作成した書籍の日本語版．	http://content.semi.org/cms/groups/public/documents/homepervasive/p039476.pdf
金融機関等におけるコンティンジェンシープラン策定のための手引書	財団法人金融情報システムセンター （2006年3月）	不測の事態が発生した場合にも，業務の継続を図る手段を講じておく必要性をより強調し，より実効性の高い内容へと全面改訂が行われた．	http://www.fisc.or.jp/isolate/contingency.php
建設BCPガイドライン（第2版）	日本建設業団体連合会 （2006年）	事業中断の原因事象として大規模地震を想定するものであるが，大きな枠組みとして，それぞれの一事業会社としての立場に加えて，地域社会や重要インフラ（電気・ガス・水道・通信・交通など）の復旧における建設業界の社会的責任を強く意識した構造．	http://www.nikkenren.com/publication/index9.html
不動産協会事業継続計画ガイドライン～オフィスビル賃貸事業編～	不動産協会 （2007年11月）	不動産業の中でもオフィスビル賃貸業に焦点を当てたものになっているが，その背景には，災害時においても一定レベルのオフィス空間を提供し続けることが不動産業界の社会的使命であるとの強い責任意識がある．	http://www.fdk.or.jp/k_etc/pdf/guideline01.pdf
電機・電子・情報通信産業BCP策定・BCM導入のポイント	情報通信ネットワーク産業協会，社団法人電子情報技術産業協会 （2008年1月）	業界の特徴から来るBCP取組みの必要性，先行企業の取組み事例，及び業界及び政府への提言を盛り込んだもので，既存の指針やガイドラインからの抜粋も付録として収録．	http://www.ciaj.or.jp/content/topics/pdf/080115_BCP.pdf

の議論がまだ最終的に固まっていない現時点においては，BCM 分野での唯一の第三者認証規格であると位置づけられます．また 2006 年 8 月には，IT の視点に立った BCM 関連の規格を，PAS 77（IT Service Continuity Management：IT サービス継続マネジメント）として公開し，BS 25999-1 との整合性を調整しながら，2008 年のガイドライン公開（BS 25777-1），さらには 2009 年の第三者認証規格（BS 25777-2）の公開に向けて具体的な準備を積極的に展開しています．

② 米　国

米国規格協会（ANSI：American National Standards Institute）と米国防火協会（NFPA：National Fire Protection Association）が制定した NFPA 1600 が，現在のところ米国政府が国内の BCM の標準化の中心となるフレームワークと認識されているものです．全体の構成としては，別添資料の方が本体部分よりページ数もかなり多くなっています．これには，本体ではフレームワークだけを示して，別添資料で詳細を参考として提示するというアプローチを採用し，NFPA 1600 の導入を検討する組織の形態や業態などによって自己判断の部分を多くし，柔軟性をもたせる意図があります．

現在は，企業よりも州政府といった自治体への導入が進行中ですが，この NFPA 1600 を一つの参照規格として，米国政府は 2007 年 8 月に政府認定の民間認証機関による事業継続性任意認証プログラム（Voluntary Certification Program for Corporate Preparedness）の導入を決定し，現在，民間認証機関及び基準とする規格・ガイドラインの選定を行っています．この動きは，米国多発テロ事件後に 9/11 委員会から出された報告書に基づき，米国内の安全保障強化のために企業活動における事業継続性の確保や向上を指向するもので，任意という位置付けですが，米国政府としては市場原理に基づき，より多くの民間企業が認証取得するようになることを目論んでいるようです．

プログラムの基本的な設計思想は，民間企業にはより多くの選択肢を認めることで，すでに BCM に関連した取組みを始めている企業群にも，

認証プログラムの導入を促進できるような柔軟性をもたせることにあります．その結果として，参照することを推奨されている NFPA 1600 をはじめとして，それに準ずる規格・ガイドラインを提供する専門組織として災害復旧・事業継続を得意とする DRII，セキュリティを得意とする ASIS，ERP（全社リスクマネジメント）を得意とする RIMS といった組織が，現在，具体的なプログラムの詳細設計の活動に参加しています．なお，本プログラムの認証機関を審査・承認する認定機関には，2008 年 7 月に DHS（米国国土安全保障省）が ANAB（米国適合性認定協会）を選定しました．

③　シンガポール

シンガポールにはシンガポール規格協会（SPRING）が 2005 年 9 月に公開した TR 19（Technical Reference）という，BCM に関するガイドラインがあります．既存の事業継続にかかわるガイドラインや標準を参考しながら，かつ，環境にかかわる領域は ISO 14000 シリーズを参照させるなど，ほかの内容と重複しないような方針がとられています．この中には，リスクコミュニケーション，サプライチェーン・マネジメント，官民協業といった，最近の BCM の分野で活発に議論されている論点も取り込まれており，実効性の高い規格を目指しています．なお，この TR 19 に関しては，ISO での国際標準化の議論のベースとなる一つの参照規格にもなっています．

④　韓　国

韓国では，2007 年 7 月に，「企業における減災のための自発的取り組み支援に関する法律」が発行され，政府主導の推進活動が行われています．この法律は中小企業も含めた韓国の企業群のレジリエンシーを，経済的なインセンティブを付与することで底上げを図ろうとするもので，その実効性については欧米でも注目されているところです．

この法律の目的は，台風，地震などの自然災害が発生した場合でも，企業活動を中断せずに安定的に継続するために行う減災の取組みを支援することで，国家全体の災害マネジメント能力を増強することにありま

す．対象は韓国内の法人登記された企業，及び事業者登録を行った企業やそれらの企業の減災の取組みを支援する行政府です．具体的には，減災優良企業の認証を受けた企業は，公共機関が提供する中小企業振興支援のための資金援助の審査時や行政府が発注する物品・工事・委託業務などの入札時に加算点が考慮されたり，企業の災害関連保険料率が割引かれたりします．また，税制上の優遇措置を受けたり，信用保証制度，技術保証制度による資金調達時や政府の中小企業振興・産業基盤関連基金や，韓国産業銀行からの減災設備資金調達時における優遇措置が適用されます．

国際標準化の動向

BCM の基本は，組織ごとに取り組むことが大前提ですが，有機的に相互依存する度合いが高まりつつある現代社会の状況や，サプライチェーンなどでネットワーク化された経済活動が当たり前になってきたことを考えると，組織をまたがった協業を可能とする「共通言語」としての標準化の必要性が高まりつつあります．ここでは，このような背景から国際的な標準化を推進している ISO での議論や標準化の現状と，日本の対応などについて簡単に概説します．

① ISO における議論の現状

事業継続における国際標準化の議論は，社会セキュリティ（Societal Security）を取り扱う TC（Technical Committee：専門委員会）223 で展開中です．

この間，本分野で第三者認証規格が英国規格協会（BSI）から公開され，多くの企業が取得を目指し始めたこと，また，米国でも任意という位置付けではあるものの，認証プログラムを導入しつつあることなどから，ISO でも第三者認証用の規格を提示しないと市場が混乱してしまうという懸念もあり，第三者認証も視野に入れた議論に移行しつつあります．

TC 223 では，2007 年 11 月に PAS 22399（Incident Preparedness and Operational Continuity Management：IPOCM）が公開されましたが，各国からの強い要請でマネジメントシステムとしての要求事項も

今後,議論していくことになっています.

② 今後の展開

ISOにおける事業継続の議論は,民間企業のみならず自治体や行政,さらには地域コミュニティや国をまたがったような概念にまで広がっています.そのため,各国や参加している専門家の価値観や,よりどころとするフレームワークや規格・ガイドラインとの調整を図り,具体的な標準化の議論を開始するまでには,もうしばらく時間がかかりそうです.

しかし一方で,個別組織における事業継続に関しては,先述のPAS 22399をベースとして具体的な議論が第三者認証も視野に入れて進行しています.これまでほかのISOマネジメントシステム規格を導入してきた組織にとっては,すでに導入された英国規格(BS 25999)や導入されつつある米国の任意認証プログラムの状況とを照らし合わせながら,状況をモニタリングしていく必要があります.

BS 25999とは(BCMS認証制度)

2007年に公開されたBS 25999-2は,先述のとおり英国事業継続協会(BCI)と英国規格協会(BSI)が2003年に公開したBCMにかかわるガイドラインをベースに,2006年公開したBS 25999-1(BCMを実践する指針)に基づいた第三者認証用規格です.事業継続マネジメントシステム(Business Continuity Management System:BCMS)の導入状況を継続的に外部の認証機関に検証してもらうことを目的としており,これまでのISOマネジメントシステム規格であるISO 9000(品質)シリーズやISO 14000(環境)シリーズの基本的なフレームワークを踏襲しています.英国内の組織にとどまらず日本や米国も含めた国外の組織もこの認証を取得し始めており,現時点(2008年11月)においては,BCM分野における唯一の第三者認証規格です.BS 25999-2の認証取得企業は,今のところ通信業界,物流業界,IT業界などで市場や顧客から商品やサービスの安定供給をより強く求められる企業で,認証取得により,競合優位性を確保しようとしています.

① BS 25999-2 の概要

BS 25999-2 に先立ち公開された，BCM 実践のための指針 BS 25999-1 は，組織内の BCM の理解，発展と実施の基礎を提供する．また，企業間の取引や企業―顧客間の取引をより確かなものにするための取組みのフレームワークと自己認証用の規格を提供するものでしたが，BS25999-2 はそれを踏まえた内容の第三者認証規格で，次のような構成になっています．

- 適用範囲
- 用語及び定義
- 事業継続マネジメントシステム（BCMS）の計画
- BCMS の導入及び運用
- BCMS のモニタリング及びレビュー
- BCMS の維持及び改善

さらに，具体的な要求事項として図表 1.9 のような項目や観点が含まれています．

この全体の流れは，1.2 節(3)で説明したようにほかのマネジメントシステム規格と同様の PDCA（P：計画，D：実施，C：チェック，A：改善処置）サイクルを回すという考え方に基づいており，対象は組織の規模や形態（行政，民間企業，NPO など）を問わず汎用的に適用できる仕組みとなるよう設計されています．

② 今後の方向性

BCMS の認証には，BCM にかかわる経験や専門知識が要求されるなど，ある程度の業務プロセスにかかわる知見も要求されるため，発祥国である英国においても認証に携わる審査員が不足しており，認証取得を目指す組織は少し待たされる状況が続いているようです．

BS 25999-2 のほかに，米国の任意認証プログラムが動き始めていることや，ISO でも要求事項つきの規格が具体化されつつあります．わ

図表 1.9　BS25999-2 の要求事項

要求事項	内　容
事業継続マネジメントシステム（BCMS）の計画策定	・BCMS の確立及びマネジメント（外部ベンダーやアウトソースされた業務） ・BCM 方針，経営資源の供給，研修・啓発と能力開発など） ・BCMS の組織文化への定着（マネジメント，研修） ・BCMS 関連文章作成と記録
BCMS の導入と運用	・組織の理解（BIA：事業インパクト分析） ・リスクアセスメント（アセスメントのプロセス，選択肢と意思決定） ・事業継続にかかわる戦略の決定 ・BCM 体制の構築と導入（緊急時対応体制，諸計画） ・演習と BCM 体制の維持（BCM 演習，マネジメント体制の維持）
BCMS のモニタリングとレビュー	・トップによる BCMS のレビュー（レビューのためのインプットとレビュー結果）
BCMS の維持と向上	・継続的改善 ・是正のための処置 ・予防のための処置

が国でも，日本情報処理開発協会（JIPDEC）が BCMS 適合性評価制度の実証を 2008 年 8 月からスタートさせています．

今後，BCM の分野で何らかの第三者認証取得を目指す組織は，その目的や対象範囲を明確にしながら最新情報を基に判断すべきでしょう．

(3)　BCM 導入企業の動向

BCM 先進企業に見られる動向

BCM 先進企業と評価されている企業は，戦略的に経営資源を短期集中的に投下して BCM 体制を構築した，というよりも，もともと企業文化として BCM に近い考え方やワークスタイルが根付いており，それを正式な BCM の枠組みとして再編成したような企業がほとんどです．企業が外部からも高い評価を受ける（すなわち信用力の高い）BCM 体制

を構築するためには，そもそも自らのなりわいとするビジネスの本質や，顧客，利害関係者に対するバリュー・プロポジション（Value-Proposition；顧客や市場が求める価値を提供すること）をしっかりと理解し，「何を，どこまで，どうやって守るのか」という視点をすべての従業員がそれぞれの持ち場に当てはめて，何かが起こったとしても現場で正しい行動が選択できる状態にする，ということが求められます．これは，一朝一夕では成し遂げられない取組みです．

したがって，これまでBCMに近い体制をもっていなかった企業が，短期集中で体制構築を試みたとしても，それは実効性の低い表面的なものになってしまい，結果的には無駄な努力に終わってしまう可能性があります．少しずつでも中長期的な取組みとして愚直に取り組み続けることが重要です．以下，BCM先進企業群に見られる動向をいくつかご紹介します．

① 企業価値を高める自発的な取組み

BCM関連の費用を単純なコストとして考えるのではなく，ビジネスを営むからには当たり前で不可欠な必要経費と位置づけたり，さらには市場での競争優位性を向上させるための投資と考えたり，自発的で能動的な取組みを展開しています．それが結果的には，インタンジブル（信用力，ブランド力，企業文化といった形のない企業価値）な部分も含めた企業価値の向上につながっています．

② サプライチェーンを意識した業務運営の柔軟性確保

商品・サービスの製造・提供において，地域や産業をまたがった水平分業が発達し，サプライチェーンはより拡散しつつあります．BCM先進企業では，このようなサプライチェーン内の相互依存性や連鎖障害の可能性なども十分に理解して，通常の業務運営の中により柔軟性をもたせ，それを積み上げることで大規模な障害や事件・事故発生時にも事業継続ができるような取組みを続けています．何も大災害だけを想定して大上段に構えた取組みをしているわけではありません．

③ 自治体や地域社会との交流

BCM 先進企業はその規模にかかわらず，企業が存在する地域や，組み込まれているサプライチェーン内の企業群，また同業他社との集まりなどのコミュニティとのかかわりを普段から大切にしています．その根底には，「コーポレート・シチズンシップ（企業市民）」という，企業は営利活動以外にコミュニティの一員としての義務や責任，役割があるということをしっかりと理解し，日々の活動に反映しているという経営姿勢が見られます．様々な事態からの復旧過程で地域コミュニティと協業したり，地域コミュニティからの支援を得たり，場合によっては地域コミュニティを支援するといったことは，このような普段からの地道な活動があってこそ可能となります．

BCM が進んでいる組織とは

BCM 先進企業は，それなりに長い業歴があったり，確立されたブランドやのれんを掲げる企業群が多いのですが，ここでは BCM 体制の構築途上の組織も含めて，積極的に BCM の導入に取り組んでいる業界や業態についてまとめてみたいと思います．

① 重要インフラ事業者

現在，内閣官房が定義している重要インフラには，電気，ガス，水道，通信，放送，金融，航空，鉄道，医療，行政の 10 分野が含まれますが（図表 1.10 参照），ここに属する事業者や行政機関は，世の中の社会活動や経済活動を支える社会インフラとして，より安定的にサービスを提供し

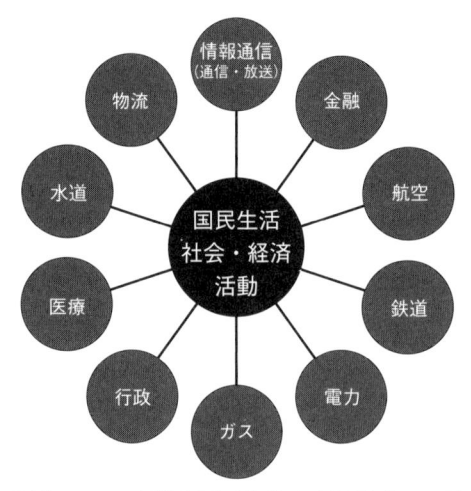

図表1.10　内閣官房が定義する重要インフラ

続けることが求められており，これまでも相応の経営資源を投下しながらその期待に応えてきました．しかし，もともと国営であった事業が民営化されたことにより，経営の効率化やコスト削減が強く求められることから，業務やオペレーションの外注化，ICT（情報通信技術）や制御システムの導入による人員削減などを推進してきており，その結果として，これまで比較的信頼性の高かった重要インフラの分野でも，サービスの途絶が散見されるようになってきました．また，分野横断的なサービスの提供形態も導入され始め，これまでのマネジメント体制ではカバーしきれなくなっている，という背景もあるようです．

このような状況を受けて，国家の社会インフラとしてのBCM体制を導入すべく，重要インフラ事業者においては所管省庁も含めて積極的にBCMに取り組もうとしています．

② 重要インフラ事業者以外でも安定供給を強く求められる事業者

上記の重要インフラ業者以外でも，国民生活や社会・経済活動を支える社会インフラとして位置づけられる，建設業界，輸送業界，小売業界，IT業界などでも多岐にわたるサプライチェーンを抱えながら，その安定供給性をいかに確保できるか，社会的責任はどのように果たせるのか，

といった観点から，業界内でのガイドラインを策定したり，情報共有の仕組みを導入したりと，能動的な活動を展開しています．

③　自治体

自治体は定義上は，①の重要インフラの行政に含まれますが，中央省庁よりもより地域コミュニティに直結した社会インフラとして，重要サービス（緊急時の許可・証明書発行，救助を目的とした住民情報の提供など）の安定的供給が求められています．特に広域災害や，住民や地域に物理的・経済的な影響を及ぼすような地域内の企業の障害，事件・事故については，自治体のサービスが途絶した場合，全体の復旧の妨げになってしまいます．昨今の災害や事件・事故の事例なども踏まえ，積極的にBCM体制の構築に取り組む自治体が出てきています．

新潟県中越沖地震（2007）における自治体と地元企業とのかかわり

2007年に発生した新潟県中越沖地震では，日本の自動車産業のサプライチェーン上，極めて重要な県内自動車部品メーカが被災し，操業停止に陥りました．その影響は，大手の自動車メーカが数日間の操業停止を余儀なくされたことと，その結果として月間の自動車産業の生産指標を9％押し下げる要因の一部ともなりました．その企業の復旧作業には，関連する自動車メーカから支援があったのはもちろんですが，自治体からの支援については様々な議論が交わされました．結果的には操業再開に必要な水道の復旧のための工事を優先したり，緊急車両指定を早めに交付したりということが行われましたが，自治体が県外にもステークホルダー（株主や取引先）をもつ特定の上場企業を，地元のほかの復旧作業よりも優先することの正当性が問われました．

最終的には，地元雇用の確保，地域経済の必要以上の落ち込みの回避，といった説明付けがなされましたが，このような判断を適時にしかも的確に行うためには，常日頃から自治体と地元企業の間でBCMに関する情報交換や協業についてのコミュニケーションをもつことが重要です．

第2章 Q&Aで知る BCMの実際

事業継続計画（BCP）だけが事業継続マネジメント（BCM）ではありません．この章では，BCMの内容をPDCAサイクルの順に解説していますので，自然とBCMの流れが身につきます．また，わかりやすくするためにQ&A形式として，皆様が疑問に思っていることを中心にまとめる構成をとっています．

2.1 共通事項

BCM の構築に着手するにあたり，大事なことをいくつかまとめます．

(1) BCM サイクル（BCM の構築と維持・更新の手順）
構築の手順

BCM は，「マネジメントプロセス」として組織に導入を行う必要があります．このマネジメントプロセスは，図表 2.1 に示すような BCM のライフサイクルとしていろいろな形で示されています．図表 2.1 の例は中小企業庁の『中小企業 BCP 策定運用指針』の BCP サイクルです．英国の BCM の規格である BS 25999-1 との違いは，文化の定着をすべてのプロセス共通のものとするか否かです．その要素は次のとおりです．

① 事業(組織)の理解
② 準備，事前対策の検討
③ BCP の作成
④ 文化の定着
⑤ BCP のテスト，維持・更新

図表 2.1　中小企業庁の BCP サイクル

維持・更新のための手順

マネジメントプロセスを導入したら，今度はそれを維持・更新し，支えるための PDCA，つまり Plan（計画），Do（実行），Check（点検），Act（処置）サイクルと呼ばれるマネジメントサイクルの導入も必要です．これは通常，「マネジメントシステム」といわれます．

現在（2008 年 11 月），この BCM に関するマネジメントシステム規格としては，英国の「BS 25999-2：2007 Business continuity management—Part2：Specification（事業継続マネジメント—第 2 部：仕様）」があります．

BS 25999-2 では，この BCM の PDCA の仕組みを事業継続マネジメントシステム（Business continuity management system：BCMS）と呼んでいます．この「システム」という言葉は，ISO 27001 の情報セキュリティや品質，及び環境マネジメントシステムなど，そのほかのマネジメントシステムとの一貫性を保つために使用されています．

この BCMS は，「事業継続性を確立，実施，運営，監視，レビュー，維持及び改善する（組織の）全般的なマネジメントシステムの一部」と定義されており，システムには次の内容が備わっていることが求められています．

---
① BCM 方針
② BCM に対して明確な責任をもつ組織の構成員
③ BCM 方針を支えていくための管理プロセス
④ 監査において有用な文書の作成プロセス
⑤ BCM サイクルを支えるための仕組み
⑥ 予算，時間，及び施設を含む経営資源

BS 25999-2 は認証規格ですが，組織を認証しても，すべての事業中断に適切に対処できるという保証にはならず，BCM サイクルが客観的に実施されていることが確認されるだけです．

(2) 事業の理解とは

BCM は，主なステークホルダー，組織の評判やブランド，並びに組織の価値創造活動などを保護するために，組織の復元力・回復力（レジリエンシー）を高めるフレームワークを提供するものです．

これを行うために事業インパクト分析やリスクアセスメントなどを実施するわけですが，例えば企業を例にとってみても，自社の製品やサービスの中で，どれが緊急を要し，かつ優先的に復元や回復を行わなければならないかについて，BCM 構築のメンバーが必ずしも理解しているとは限りません．自分が所属している部門や部署のことならわかっても，他部門・他部署のことはわからないのが普通ではないでしょうか．

また実際に，緊急性の高い，あるいは優先すべき製品やサービスを決めることはとても難しいことです．自分の仕事は可愛いし，誰もがその役割に自信をもっています．そうした状況の中で，自分の仕事は後回しでいいと納得してもらわなければならないのです．

事業の理解のための民主主義の原則

BCM では，防災のように「人命第一」という優先順位はあらかじめついていません．このため，組織内の合意を得て緊急性が高く優先度の高い業務を決めていく必要があります．このプロセスが事業インパクト分析（BIA）です．専門家が科学的にリスク分析をするということではなく，民主主義の原則をもって，社内の合意形成を図っていく手段なのです．このため，事業インパクト分析（BIA）の内容はアンケートやインタビュー調査が主体です．したがって，民主主義のない企業ではこの事業インパクト分析（BIA）は不要です．社長が独裁的に物事を決めていく会社，人数が少なくて議論の余地のない会社などでは，容易に優先順位が決められるので，事業インパクト分析（BIA）は不要なのです．

このプロセスを通じて，全従業員が他部門の事業中断を自部門のこととして，事業継続や早期復旧の活動に積極的に参加していってもらうことがとても大事なことなのです．

その意味で，OECD が 2002 年に改訂した『情報セキュリティ・ガイ

ドライン』の9原則はそのまま BCM についても適用できるもので，こうした欧米の思想を理解しておかないと BCM = 防災対策になりがちです．9原則の中の民主主義の原則とは「セキュリティは民主主義社会における基本的で重要な価値と整合的であるべきだ」というものです．セキュリティを BCM に置き換えれば，なぜ BCM 文化の必要か，他機関との連携が必要か，プロセスの明示が必要かなど，組織内における合意形成の取組みの重要性が理解できるでしょう．

(3) 基本方針の大切さ

基本方針は，事業継続や早期復旧のための戦略又は戦術のために策定する重要な文書です．基本方針には二つの要素があります．BCM を構築するための基本方針と BCM の戦略や戦術に関する基本方針の二つです．

BCM 構築のための基本方針

わが国では，基本方針というと，BCM の戦略や戦術と考える向きがありますが，BCM が導入されていない組織に BCM を導入する際には，はじめに BCM 構築のための活動計画（以下「BCM プログラム」といいます）の基本方針を定めます．

活動の基本方針には，図表 2.2 のような内容を定めます．この方針が組織の BCM に関する対応力を向上させるための基礎となります．BCM 構築に着手する際に，この構築のための方針を立てている組織は少ないのではないでしょうか．

図表 2.2　活動の基本方針に定義する項目例

①　組織による BCM の定義
②　BCM プログラムの適用範囲
③　プログラム管理，責任や権限，組織などを含め，BCM のための枠組み
④　BCM の原則，指針，及び最低基準
⑤　方針の実施及び維持計画

BCM 戦略

事業継続の戦略は，BCM の重要な要素です．BCM の目標を達成するために，「事業の理解」段階での分析に基づいて策定します．BCM 戦略は，費用対効果を十分考えた方法で組織の目標，義務，及び法律上の義務を達成するものである必要があります．

費用対効果については，次の 2 点に留意して考えましょう．

① 目標復旧時間（RTO）

一般に，復旧期間を短くすればするほど，対策費用は高くなります．

② 代替拠点の設置

緊急事態の種類によっては，当該施設へのアクセスが不可能になったり，拠点自体の損壊が頻繁に生じることがあり，あらかじめ決めた期間内に業務を再開するために地理的に離れた別の場所に電子データ等を保管したり，代替拠点として運営できるようにしておくことが必要です．

(4) 専任者や専門部署の設置

BCM を構築，運用，維持・更新をしていくためには，責任をもって担当する人が必要です．それが専任である方が望ましいですが，兼任であっても問題はありません．

BCM の検討体制は，企業の規模や組織の形態，分掌形態など企業ごとに千差万別になるのは仕方のないことです．BCM の構築や維持を円滑に行えるよう，自社にあった体制づくりに努めることが肝心です．

中小企業などの小規模な組織では，人的資源が限られているので，BCM の構築や運用などは，人事や総務担当が社長など経営側と協力して進めることになるでしょう．その場合には，次の 2 点を明確にして進める必要があります．

① 社長など経営側の関与

② 役割と責任の所在

図表 2.3 は，2007 年に調査されたわが国における BCM 担当部署の設置状況です．まだ，担当部署や担当者も設置されていない企業が半数

第 2 章　Q＆Aで知る BCM の実際

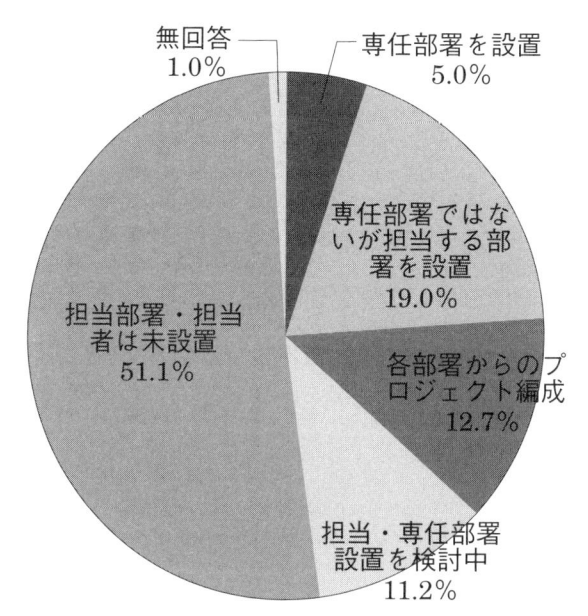

図表 2.3　BCM を担当する部署の設置
（出典：インターリスク総研(2007)：BCM に関する企業実態調査）

- 無回答　1.0%
- 専任部署を設置　5.0%
- 専任部署ではないが担当する部署を設置　19.0%
- 各部署からのプロジェクト編成　12.7%
- 担当・専任部署設置を検討中　11.2%
- 担当部署・担当者は未設置　51.1%

ありますが，BCM に取り組んでいる企業ではそれが 17.0％に下がります．

　BCM の取組みが深化していくと，こうした専門部署が必要になってくると思われます．こうした専門化により，BCM の重要性が一層組織内で認められ，効果的になることが期待されます．

2.2 事業の理解

Q1 事業インパクト分析（BIA）はなぜやらなければならないのですか？

　事業インパクト分析（BIA：Business Impact Analysis）は，BCMサイクル全体を構築するための基礎となる作業です．この分析では，事業の損失や中断によるインパクトを特定し，数量化したり，特性を示したりします．最適な事業継続の戦略を決定するためのデータを得るために不可欠なプロセスです．

　BIA では，組織運営の中断のインパクト期間とその程度を評価するので，各事業が中断した際に，どの程度，事業再開に緊急性があるかを特定することができます．この分析結果に基づき，各事業の継続や再開にかかる期間が決められます．

(1) 柔軟な事業インパクト分析（BIA）

　1.3 節で述べたように，BIA によって多くの目的を達成することができますが，また組織全体の活動が中断した場合だけを対象にするのではなく，図表 2.4 に示すように限定的な事業中断を想定して，そのインパクトと期間を評価し，BCM 推進のためのデータを得ることもできます．

　そのほか，事業に大きな変更や更新の計画がある場合にも，BIA を実施することによって，その変更等の前にインパクトを評価することができるでしょう．例えば，次のような変更が BIA の対象として考えら

図表 2.4　事業インパクト分析（BIA）の対象とする中断とその目的

対象とする中断	目　的
特定の事業の中断	BCM プログラムの適用範囲を決めるため
事業中断を引き起こす組織内外の活動の中断	代替策やそのための経営資源の要件を決めるため
特定の部署の活動中断	部署の BCP 作成を行うため

れます．
① 新製品開発や新技術導入
② 事業所移転や拠点の新設
③ 大規模な組織改編
④ サプライチェーン上の重要な変更

(2) 合意形成のために

BIA は「事業の理解」というプロセスの中心的な要素です．この「事業の理解」の必要性は，2.1 節(2)で述べたとおりです．繰り返していうと，「事業の理解」を通じて，全従業員が自部署のこととして，事業継続や早期復旧の活動に積極的に参加していってもらうことが BCM ではとても大事なことなのです．

また，BIA の目的には，事業継続の意識向上と個人の責任，可能な解決策，対策コストに焦点を当てること，などもあります．組織内の合意形成の過程で，従業員全員の事業継続への意欲と意識を向上させるために BIA のプロジェクトに参加してもらうというわけです．BIA は技術的なシミュレーションや計算ではなく，役員や従業員の意見を聴取し，それを分析していくプロセスなのです．そのプロセスへの参加を通して，個々人の事業中断への責任も生まれてくることが期待されているのです．

2.2 事業の理解

Q2 事業インパクト分析（BIA）はどんなふうにやるのですか？

　大きな組織では，事業インパクト分析（BIA）自体がプロジェクトとなります．役員や管理職にインタビュー調査を行うために接触する必要があるでしょうし，アンケート調査も事前の告知から集計や分析も膨大な作業となることがあるからです．インタビュー調査の際の効率的なスケジュール管理と調整が，このBIAの効率を向上させるために大変重要な要素となります．

(1) アンケート調査の基本原則

　事業インパクト分析のデータ収集には，これだという決定的な手法はありません．収集方法は，業種や組織ごとに異なって当然です．ただし，業種ごとに，結果の内容，情報の種類，詳細度及び範囲に関して固有のニーズがあることは確かです．

　図表2.5のような基本的な原則を考慮に入れてアンケート調査の設計をする必要があります．

図表2.5　アンケート調査の設計の基本原則

① 事業インパクト分析（BIA）は，BCM戦略の選択を支援するために，情報を収集することである．戦略の選択は，各事業の再開の緊急性（クリティカル）によって決定される．
② 収集した情報のどのように使用するか．
③ 結果を効果的に報告するために，どのようなデータ収集の形式が最適か．
④ 分析する事業の緊急性を決定するために，どのような基本情報が必要か．
⑤ 事業の再開期限
⑥ 再開場所
⑦ 業務規制など事業に対する影響や事業活動のピーク期間
⑧ 事業中断によって生じるインパクト
⑨ 組織がその事業なしでいつまで存続できるか．
⑩ 代替手段は存在するか．

(2) 収集すべき情報

BIAでは，組織の「クリティカル」な事業（中核事業）や業務を明らかにするデータやその依存度，そしてそれに依存しないで事業を続けられる期間に関するデータを収集します．

例えば，施設に立ち入ることができない場合，次のようなデータを明らかにします．

① 組織の存続にどの程度影響を受けるのか．
② 組織の利益にどの程度影響を受けるのか．
③ 組織のイメージ（評判）にどの程度影響を受けるのか．
④ 重要顧客，拠点，製品及びサービスにどの程度影響を受けるのか．
⑤ 事業の再開に時間が重要なのか．
⑥ クリティカルな機能を停止させなければならないか．
⑦ 顧客（又はユーザー）にはうまく対応できるか．
⑧ 同じ製品又はサービスの提供を達成するための代替策は何か．

One Point

用語「クリティカル」とは

組織は，事業や業務の回復期間（1日，2日，1週間など）に従って，その活動に名前をつけることがあります．最初の数日以内に回復が必要な活動に対して，「クリティカル」な（又は「ミッションクリティカル」な）活動という用語が使用されることがあります．残念ながら，BCMに詳しくない人は，「クリティカル」を「重要」と訳していることがありますが，これは間違いです．

これにより，BIAのためにデータを収集するときに誤解が生じ，「非クリティカル」な活動に対しては復旧戦術及び計画が不要であるという誤った思い込みが生じることがあります．近い訳語としては，「時間が重視される」，「時間が重要な」，「緊急の」などがあります．

2.2 事業の理解

Q3　リスクアセスメントはなぜやるのですか？

(1) 目 的
リスクアセスメントの主な目的は次のことです．
① 事業の中断や混乱の原因となりうる組織内外のリスクを発見し，それぞれの発生確率(起こりやすさ)及びインパクトを評価すること
② 組織内で合意された方法に従ってリスク対応の優先順位をつけること
③ リスク対策の選定や行動計画策定のための情報を提供すること

リスクアセスメントは，事業の中断（混乱）につながる可能性のある様々なリスクに優先順位をつけて，予防や被害軽減などの事前対策を検討するために行います．

事業活動に対するリスクを評価する場合は，通常ではインパクト×発生確率の算式で行いますが，**BCMではそれに「時間」という次元を追加して検討します．つまり，それはもっとも短期間で中断（混乱）してしまう事業や活動を優先してリスク対策を講じる取組みを集中的に行うことを意味します**（図表2.6参照）．

リスクアセスメントを組織全体について実施することは困難なことですが，事業インパクト分析（BIA）の実施後に組織でもっとも緊急性の高い活動を行うために必要な経営資源にリスクアセスメントの焦点を絞り込めば，やりやすいでしょう．

(2) リスクアセスメントの限界
しかし，次のような理由により，リスクアセスメントには，大きな組織運営上のリスクの評価に関して欠点があることを認識しておく必要があります．リスクアセスメントの限界は次のとおりです．
① すべてのリスクを特定することは不可能であること
② 発生確率は推測であり，不正確になりやすいこと

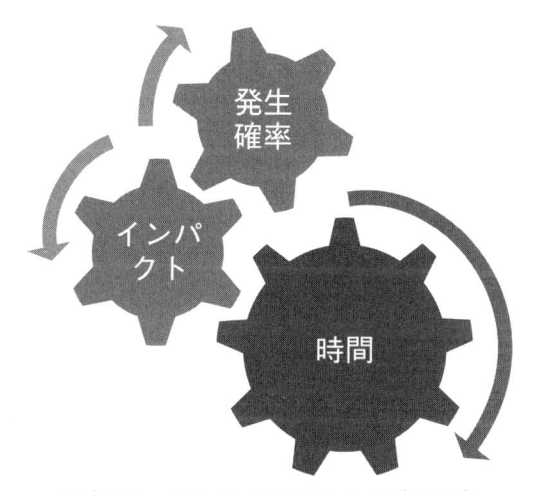

図表 2.6　リスクアセスメントの重要要素

③　インパクトの大きさは固定的ではなく，時間経過とともに，変化すること（常に「高」「中」又は「低」のように一定でない）
④　定量評価では，小規模な事態のインパクトが過大評価されることがあること

(3)　単一障害点の特定

リスクアセスメントは，受容できないリスクの集中及び「単一障害点」と呼ばれるポイントを特定することができます。「単一障害点」とは，その一点が障害を起こすとシステム全体が停止してしまうような，システムのアキレス腱となる部分を指します。BCM の公的なガイドラインでは，「ボトルネック」と呼ばれることもあります。

このアキレス腱となる活動などを特定することはリスクアセスメントの重要な要素です。このボトルネック対策は，早い機会に，組織のトップに明確にしておく必要があるでしょう。個々のリスクについて，事前に低減対策，移転対策などリスク対策を実施しておくことは極めて重要な決定であり，トップの承認を受けておくべきことです。

このためにも事業インパクト分析はリスクアセスメントの前に完了し，緊急性のある機能を特定しておく必要があります。

2.2 事業の理解

Q4 リスクアセスメントのやり方は？

リスクマネジメントの仕組みが組織に定着しているところでは，その仕組みを活用するのがもっとも適当です．もし，そうした仕組みがない場合には，次のような点に留意して，進めていく必要があります．リスクアセスメントの主な段階は次のとおりです．

Step 1：リスクの発見
① インパクト及び発生確率の見積もり方法を表（Excelなど）にして，責任者や担当者で合意をする．
② 事業インパクト分析（BIA）で決定された緊急性のある事業や業務に対するインシデント（リスク事象）を列挙する．

Step 2：リスクの算定
③ あらかじめ決めた見積もり方法によって，インシデントが組織に与えるインパクトを推定する．
④ 発生する各インシデントの可能性（確率又は起こりやすさ）を判断し，あらかじめ決めた見積もり方法に従って重みを付ける．
　　リスクの見積もり方法には多く方法があります．図表2.7は中小企業庁のガイドラインに示されているもので，リスク発見の対象をあらかじめ示し，インシデントの発生確率（起こりやすさ）の算定を省略する例です．事業へのインパクトだけを算定すればよい簡易的な方法です．詳細は中小企業庁『中小企業BCP策定運用指針』を参照してください．

Step 3：リスクの評価
⑤ あらかじめ決めた見積もり方法に従って各インシデントのインパクト及び発生確率の点数を組み合わせることで，リスクを計算する．
⑥ あらかじめ決めておいたリスクの優先順位の仕方に，オプションとして，**事業の再開の緊急性という時間の要素**，インシデントに対

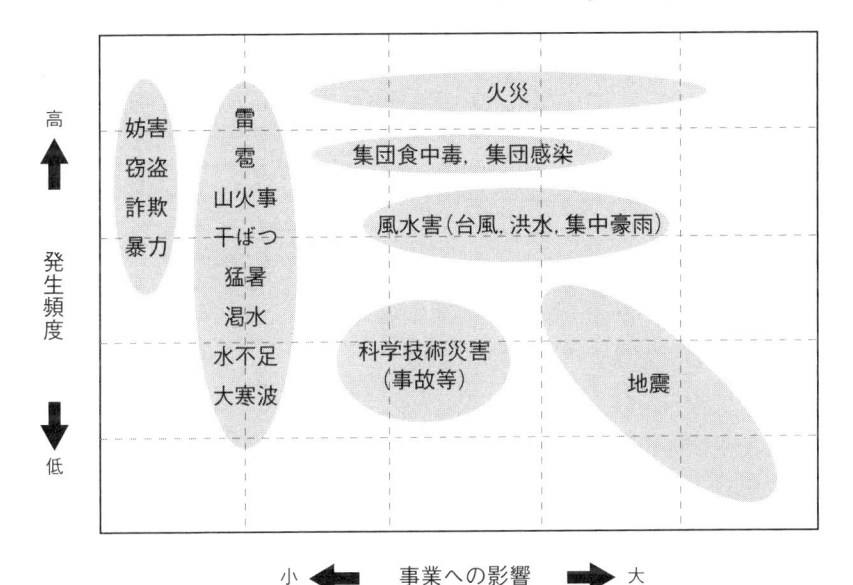

図表 2.7　企業を取り巻くリスク
（出典：中小企業庁（2006）：中小企業 BCP 策定運用指針）

する対策，組織の能力等を勘案してリスクに優先順位を付ける．
⑦　リスクの優先順位に対して組織のトップの承認を取り付ける．
⑧　評価した優先順位が，そのインシデントに対する自組織のリスクマネジメント戦略に適合していない場合，リスクマネジメント担当とその対策を検討（リスクマネジメントが構築されている場合）．

Step 4：リスク対策の選定
⑨　次の区分により，適切な措置を検討する．
　・転嫁：保険などを通じてリスクをほかへ転嫁する．
　・受容：インパクト／発生確率が低い場合，リスクを受け入れる．
　・低減：追加対策などにより，リスクを減らす．
　・回避：インシデントの原因又は発生源の除去などにより，リスクを回避する．
⑩　評価したリスクの対策について，組織のトップの承認を得，予算などを確保する．

2.2 事業の理解

Q5 リスクアセスメントと事業インパクト分析（BIA）は何が違うのですか？

BCM 総論で述べたように，BCM は包括的なマネジメントであり，次の二つのインパクト抑制策が必要です．
① 事業の回復時間を短縮させること
② インシデントの発生時にも事業活動レベルの低下を抑えること（インパクトの低減）

(1) 目的の違い

事業インパクト分析（BIA）は，主に上記の①を達成するために行われる「事業の理解」の一手法です．したがって，興味の対象は原因事象ではなく，「何か（インシデント）」が発生した際のインパクトの変化なのです．どのような事象が起きるかは問題ではありません．

インパクトの時系列の変化によって，最大許容停止時間（MTPD）を探っていきます．その場合，特に重要なのが財務上のインパクト，つまり売上損失などの金銭に換算できるものの把握です．企業イメージや社会貢献などは金銭には換算できないので，短期的には定性的な把握になりますが，長期的には財務上の影響として表れてきます．

一方，リスクアセスメントは，上記の②であるインパクトの軽減対策を明らかにし，事前に設備や計画上の対応策を講じたり，リスク固有の初動対応のあり方を決めたりするために行います．このため，インシデント（リスク事象）の種類ごとに行います．こうした対応策は，インシデントごとに異なるためです．その際，重要なのは，BCM の本質的な要素である「時間」の切迫性という要素を必ず盛り込むことです．そこが一般のリスクマネジメントにおけるリスクアセスメントとの違いです．

(2) 手法の違い

わが国では，事業インパクト分析（BIA）とリスクアセスメントを混同している向きがあります．それは主に，インシデント（リスク事象）をあらかじめ決めてから BCM の検討をスタートしている点にあります．特に大規模地震がそうです．

図表 2.8 のような分析結果を見ると，大規模地震だけの想定でもよさそうに思いますが，自分の組織だけが事業の中断を起こすインシデントの場合には，インパクトの時系列変化が著しく異なることが分かるでしょう．その際，企業イメージのダウンがその重要な要素になっていきます．その状況を「1 日目，2 日目…，7 日目，14 日目，21 日目，28 日目，それ以上」などの時系列区分で，各事業や業務が被るインパクトを定性的に把握していくのが事業インパクト分析です．

リスクアセスメントはインシデント自体を評価していく手法ですが，その手法については様々なものがあり，確たるものがあるとはいい難い状況です．

業務名			主管部署	関連部署	業務遂行上必要となるリソース				影響度分析結果			復旧優先度	RTO
区分	業務名	業務概要			業務遂行場所	利用システム名	必要人員数	その他必要資源	顧客影響度	収益資産影響度	社会的影響度		
管理	経営企画業務	経営計画の策定	経営企画部	―	本社	社内 LAN システム（PC5台）	5名		3	3	1	低い	1W
管理	法務関連業務	監督官庁対応	総務部		総務別棟		3名	電話，FAX	2	3	1	中位	24H
システム	顧客照会業務	顧客情報の照会，DBメンテナンス	情報システム部	営業部	コンピュータセンター	顧客照会システム，顧客情報DB	本社2名，センター2名	―	5	4	5	高い	2H

図表 2.8 BIA の分析結果例
（出典：経済産業省（2005）：事業継続計画策定ガイドライン）

2.3 BCM 戦略

Q6 BCM の費用対効果はどのように考えればよいですか？

(1) 実態は

2007 年の BCM に関する実態調査（インターリスク総研実施）によると，BCM を実施・推進するための予算確保について，図表 2.9 のような結果が得られています．これは東証の全上場企業を対象に実施された調査です．

このグラフから現状について次のことがわかります．

① 予算措置をしていない企業が 58.1％もあり，BCM の重要な要素である維持更新や専門部署などの運営費が確保されていない．

② 次に多い回答が「500 万円以下」（19.0％）であることから，BCP（事業継続計画）の策定が主たる BCM の課題であり，事前の設備や施設対策などコストのかかる対策には着手していない．

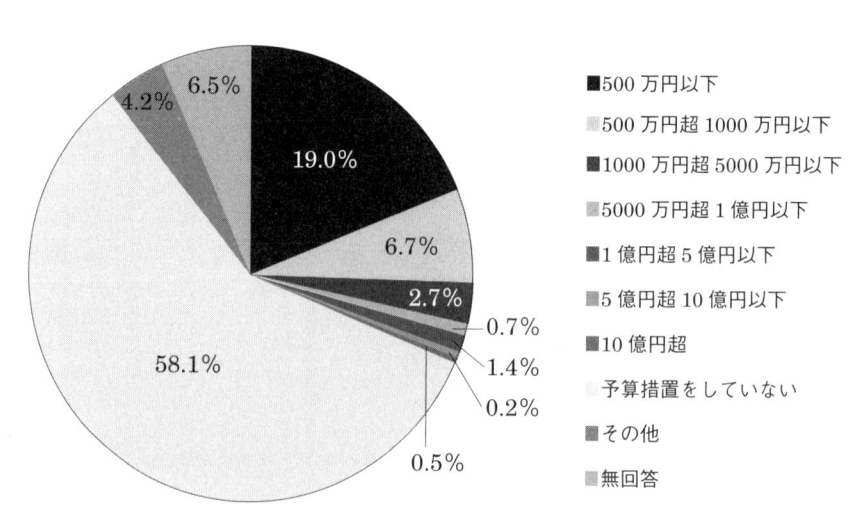

図表 2.9　BCM の年間コスト（予算）

- 500 万円以下：19.0%
- 500 万円超 1000 万円以下：6.7%
- 1000 万円超 5000 万円以下：2.7%
- 5000 万円超 1 億円以下：0.7%
- 1 億円超 5 億円以下：1.4%
- 5 億円超 10 億円以下：0.2%
- 10 億円超：0.5%
- 予算措置をしていない：58.1%
- その他：4.2%
- 無回答：6.5%

（2） 目標復旧時間と財務インパクト

インシデント発生と同時に事業を再開できれば，財務上のインパクトは0ですが，そのために事前に投資する費用は大変高額になります．

一方，復旧や再開に何年もかかってよければ，財務上のインパクトはその組織の許容範囲を超え，組織の存続ができなくなります．この**事前対策費用と財務上のインパクトの大きさは反比例の関係**にあります．図表2.10のように時間とともに，対策費用は右肩下がりですが，財務上のインパクトは右肩上がりです．

組織のインパクトは財務上のインパクトのようにすべてが金額で換算できるものではありませんが，中長期的には図表2.10のように金額で換算できると考えれば，その双方が同額になる時間が最適な目標復旧時間（RTO）となります．

BCMのためにかけるコストはどのくらいが妥当か，ということについていえば，この財務上のインパクトの時系列変化と対策費の兼ね合いで決めていくべきことです．BCMの対策費を出せない場合には，それに対応する財務インパクトは覚悟すべきです．

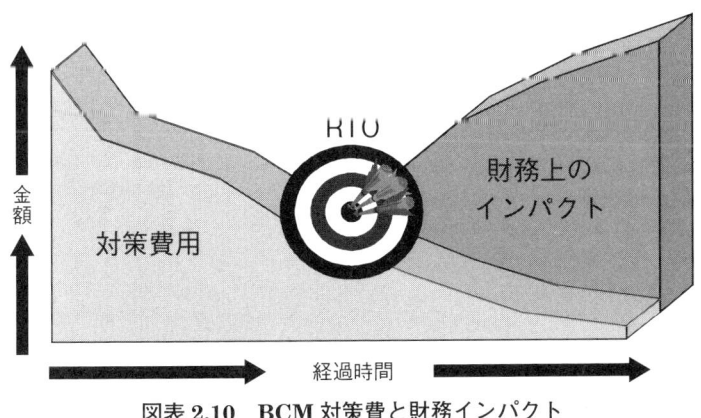

図表2.10　BCM対策費と財務インパクト

2.3 BCM 戦略

Q7 BCM を対象とした補助金などの助成制度はありますか？

　中小企業庁が 2008 年 3 月にまとめた『中小企業 BCP ガイド』に中小企業向けの BCM にかかる支援機関等がまとめられており，その中に旧政府系中小企業金融機関の融資制度などが掲載されています．

　　注）政府系金融機関は，2008 年 10 月 1 日以降順次民営化されます．このため融資制度等の変更が予想されますので，融資を検討する際には各金融機関に照会してください．

(1) 融資制度

　防災対策の資金としては，次の旧政府系中小企業金融機関が取り扱っています．

① 　社会環境対応施設整備資金（BCP 融資）

　中小企業が，『中小企業 BCP 策定運用指針』により，自ら策定した計画に基づいて防災に資する施設等の整備を行う場合，そのために必要な資金を優遇金利で融資を受けられます．

　・取扱金融機関：株式会社日本政策金融公庫
　・貸付限度額及び金利
　　旧中小企業金融公庫：2 億 7 千万円までは特別利率②
　　　　　　　　　　　　それを超えて 7 億 2 千円までは基準利率
　　旧国民生活金融公庫：通常融資額＋3,000 万円まで
　　　　　　　　　　　　設備資金　特別利率 B
　　　　　　　　　　　　運転資金　基準利率
　・対象となる防災施設等
　　施設の耐震化，機械の転倒・転落防止，発電機・応急給水設備・通信施設・防災倉庫，データバックアップ設備，窓ガラス飛散防止等

② 　財務リスクマネジメント・BCP 支援

自社の財務リスクや災害リスクをコントロールし,経営の安定化を図る事業者,平時より防災対策を講じ災害から資産を守り,企業価値の保全を図るためにBCPの策定や防災対策を行う事業者を対象に,BCP策定や防災対策に伴い必要となる設備資金・運転資金を優遇金利で融資を受けられます.

① 取扱金融機関:株式会社商工組合中央金庫
② 貸付金利:所定利率

また,このほか,BCP策定企業向けの融資制度を提供している民間金融機関も見られます.取引金融機関に問い合わせるとよいでしょう.

(2) 災害復旧貸付制度

また,災害に遭遇してしまったときには,図表2.11のような政府系中小企業金融機関の災害復旧貸付制度がありますが,対象が「災害」に限定されているので,そのほかのインシデントが発生した場合には対象になりません.対象については各金融機関に確認しましょう.

(3) 災害時事業資金貸付制度

上記の災害復旧貸付制度は,災害後の制度です.災害に遭遇した直後に即時払いしてくれる制度もあります(最短即日貸付).対象者は小規模企業共済加入者に限定されますが,該当する小規模企業は検討したいものです(問合せ先:独立行政法人中小企業基盤整備機構).

図表2.11 災害復旧貸付制度の概要

機関名	対象者	貸付額	返済期間
日本政策金融公庫(旧国民金融公庫)	災害により被害を受けた方	各融資制度の限度に1災害あたり上乗せ3 000万円	10年以内
日本政策金融公庫(旧中小企業金融公庫)	別に指定された災害により被害を被った中小企業の方	融資限度は直接貸付で1億5千万円(別枠)	運転資金:10年以内(うち据置2年以内)
商工組合中央金庫	災害により被害を被った中小企業の方	必要に応じ一般枠を超える額	運転資金:10年以内(うち据置3年以内)

2.3 BCM戦略

Q8 要員の確保と配置はどのようにすべきですか？

事業の復旧や再開において必要な経営資源は次のとおりです．復旧すべき事業ごとに適切な対応策を講じる必要があります．要員の確保等は重要な要素ですが，すべての要素が総合的に機能して，はじめて復旧や再開ができることをしっかり認識する必要があります．

① 人材（スキル及び知識を含みます）
② 敷地
③ 技術
④ 設備・備品等
⑤ ステークホルダー

(1) 要員の再配置の事前準備

主要な要員の被災や不在に対して，組織は事前対策として次のような対策を講じておくことによって，いくらかなりともその知識やスキル不足をカバーすることができるでしょう．

① 業務の標準化：ほかの従業員に自分が精通していない役割を引き受けてもらうため．
② 教育・訓練
・従業員一人ひとりが複数のスキルを習得するための教育・訓練
・従業員間でのスキルの相互教育・訓練
③ 業務の引継ぎ：自分がいなくても業務を担ってくれる人を決め，業務内容等を説明しておく．

このほか，業務のキーパーソンやグループを地理的に分散させることにより，特定の役割を担っている要員を一度に失う確率を低下させることができます．これには，こうした人々を同じ飛行機に乗せて出張させないなどの一時的な分散も含まれます．

BCMでは，従業員に自分の担当でない業務を臨時に行うことを求めることがあります．防災のように救急，応急救護などの組織の非日常的な業務だけではありません．求められるのは「ほかの従業員が日常行っている業務」の遂行なのです．

ただし，緊急事態の種類によっては，非日常的な業務の実行も必要になりますので，従業員が応急手当（AEDの操作），以前の職歴で得た経験（転職者の場合），救助，過去のインシデントでのリーダーシップ又はマネジメントの経験のようなスキルをもっているか調査をしておくことも必要です．

(2) RTOに応じた要員再配置

RTOは，拠点を適切に復旧・再開させる対策の重要な決定要因です．RTOの長さによって，図表2.12のように要員再配置を検討する必要があります．

また，第三者の支援を継続的又は一時的に使用することによって，追加のスキルを利用できることもあります．こうした社外の要員確保も検討しておくとよいでしょう．

図表2.12　RTOと要員再配置の考え方

RTO	要員再配置の考え方
RTOが1日未満の場合	再開拠点以外の場所にいる要員がただちに活動に着手できるようにしておくことが必要．そのためには，ほかの拠点で，再開のために経営資源をただちに利用できるようにしておかなければならない（必要な最新情報を含む）．
RTOが1日から数日の場合	要員を再開拠点に移送する時間があるので，移送手段を確保しておく必要がある．
RTOが数カ月間の場合	組織は事態が終息するまで，あらゆる意思決定を留保することを選択できるので，事前に細かに決めておく必要はない．

2.3 BCM 戦略

Q9 代替拠点（事業所）の手配が難しい場合，どのように考えればよいですか？

　事業や業務の代替には複数の選択肢があります．第三者の代替サイトを利用するだけがその方法ではありません．代替拠点の手配を「何も行わない」という選択肢もあるのです．

(1) 「何も行わない」という選択肢

　事業インパクト分析（BIA）で緊急性がもっとも低いと特定された事業や業務では選択できる場合があります．また，ある事業や業務のRTOを数カ月以上と決めた場合には，最低限の計画を準備し，インシデントが起きた後で，代替施設を見つけ，設備や備品などを設置してもよいのです．

　この選択肢は，利用可能な設備を事前に登録しておくことにより，復旧を迅速にし，復旧の確実性を高めることができます．

(2) 代替手法の利用

　第三者の代替サイトの利用契約だけでなく，図表2.13のようなそのほかの代替手法もRTOに応じて，検討することが重要です．

　RTOの要件を検討した後で，費用と利便性に基づいて代替手法を選択することが重要です．

　RTOを短くすればするほど，そのためにかかる費用は大きくなります．また，Q6で述べたように，組織のインパクトの大きさと代替手法の利用などにかかる費用のバランスでRTOが決まってくるでしょう．

第2章　Q＆Aで知るBCMの実際

図表 2.13　代替手法のいろいろ

手　法	留　意　点
既存設備の活用	研修施設又は食堂など，社内の既存の設備を使用するか，又はオフィスの収容人数を増やす方法．このためには，事前の計画と準備が必要．
要員の置換え	緊急性の低い事業や業務を遂行する要員を優先順位の高い業務に配置する方法．この方法を利用する場合には，中断された緊急性の低い作業の未処理分が管理不可能にならないように注意しなければならない．
遠隔業務の導入	在宅勤務とホテルなど会社以外の場所での勤務が含まれる（インターネットカフェは対象外）．在宅勤務は非常に効果的なソリューションとなることがあるが，健康及びセキュリティの問題に対処し，十分な通信容量が利用できるようにしておかなければならない．
災害時相互援助協定	新聞社など一部の業種では役立つことがあるが，この種類の協定を締結する際には注意が必要．つまり，取り決めたことが変更されていないことを確認するために，定期的なチェックの実施手順を定めなければならないからである．また，災害時相互援助協定では，テストを許可する内容を協定に入れる必要がある．
第三者の代替サイト利用	代替サイトを提供する企業との利用契約によって，組織の目標復旧時間（RTO）を達成できる場合に検討する．ホットサイト，ウォームサイト，及びコールドサイトなど，様々な商業サービスが存在する．

＜既存施設の活用＞

2.4 個別の BCP の策定

Q 10　BCM とリスクマネジメント，危機管理との関係は？

(1) リスクマネジメントとの関係

　組織内で事業継続マネジメントの役割を検討していくと，類似管理手法との関係性で大きな議論になることが多いようです．特に，具体的な事業継続にかかる責任のあり方は合意に至ることが非常に難しいといわれています．リスクマネジメントとの関係については，国際的にも議論のあるところです．

　BCM とリスクマネジメントはその視点と方法論が異なっているところが多く見られます．図表 2.14 に英国 BCI が試みた比較を示します．

(2) 危機管理との関係

　日本語の危機管理はあいまいな使われ方をしています．一般的には危

図表 2.14　リスクマネジメントと BCM の比較

	リスクマネジメント	事業継続マネジメント
主な方法	リスク分析	事業インパクト分析
主な要素	インパクト及び発生確率	インパクト及び時間
着目する視点	事態の原因とそのインパクト	主に事態のインパクト
インシデントの種類	あらゆる種類の事態（通常は分類される）	著しい事業の中断（混乱）の原因となる事態
事態の規模	あらゆる規模（コスト）の事態（通常は分類される）	存続を脅かすインパクトに対応するための計画を策定するが，あらゆる規模のインシデントに対応できる．
強度	漸次的に発生する事態から突然の事態まですべて	突然の事態又は急速に展開する事態（ただし，漸次的に発生するインシデントが深刻になった場合も，適切な対応ができる場合がある）

（出典：Business Continuity Institute(2008)：*A Management Guide to Implementing Global Good Practice in Business Continuity Management* をもとに作成）

機管理が「できている」,「できていない」という使われ方がなされています.法律上は内閣法第15条に「**国民の生命,身体又は財産に重大な被害が生じ,又は生じるおそれがある緊急の事態への対処及び当該事態の発生の防止をいう**」とあり,わが国での唯一の定義です.

学問的には,Crisis Management という体系的な管理手法がありますが,Crisis(危機)は,ギリシャ語の「決定」に語源をもつ言葉で,英語では事態が「良い状態又は悪い状態に変わる転換点」とされています.国家や経営体の好機から危険への転換点にある状態がCrisis(危機)です.今では,このCrisis(危機)と緊急事態を厳密に分けることに意味はなくなっているといってよいでしょう.

概念的には,Crisis(危機)はトリガー事象の「結果」であり,BCMのインパクトに着目する考え方と類似しています.このため,Crisis Management には次のような特徴があります.

① 組織の存続を脅かす緊急事態に着目する.
② 緊急事態のインパクトに着目する.
③ 緊急事態への対応が主だが,その事前対応も含まれる.

これらの特徴は,図2.14に示したBCMそのものです.日本語の「危機管理」を Crisis Management と考えるなら,BCMは「科学的危機管理」,「統合危機管理」と呼んでもよいのではないでしょうか.

2.4 個別のBCPの策定

Q11 マスコミへの対応についてあらかじめ決めておくべきことは何ですか？

効果的で迅速なマスコミ対応は，組織をブランドや評判の悪化から守るもっとも重要な要素です．このための計画は，「インシデントコミュニケーション計画」とか「危機コミュニケーション計画」と呼ばれます．

(1) 日本の公的なBCPガイドラインでは

わが国のBCMに関する公的な指針ではあまりこの点が触れられていませんが，経済産業省の『事業継続計画策定ガイドライン』には，「広報対策チーム」の役割として，マスコミに対する対応が時系列で記載されています（図表2.15参照）．

(2) インシデントコミュニケーション計画の検討事項

英国BCIの実践ガイドラインによれば，マスコミ対応として，次のことを事前に検討しておく必要があります．危機又は事業の中断が公になったとき，組織のイメージや評判を落とさないように，効果的なコミュニケーションが主要な役割を果たすことになります．

① どのような危機に襲われる可能性があるか（リスクアセスメントの実施が好ましい）．
② 誰に伝えるべきか．
③ どのように連絡・公表などを行うべきか（スポークスマンなど）．
④ 伝えるメッセージの内容は何か．
⑤ 広報対策チーム（インシデントチーム）の構成員は誰にするか．
⑥ 経営資源と設備は何が必要か．
⑦ 広報対策チームと広報担当者は訓練ができているか．
⑧ うまく機能するか．
⑨ どのようなマニュアルが必要か．
⑩ 伝達先の連絡網を構築できているか．

フェーズ	役割
BCP 発動	・対策チームの立ち上げ ・社内広報 ・社外広報の準備，情報収集，実施（第一報） ・マスコミ対応
業務再開	・社内広報（継続） ・社外広報のための情報収集，実施（続報） ・マスコミ対応（継続）
業務回復	・社内広報（継続） ・社外広報のための情報収集，実施（続報） ・マスコミ対応（継続）
全面復旧	・社外広報のための情報収集，実施（続報） ・被害状況の総括 ・社内広報（継続） ・マスコミ対応（継続）

図表 2.15　広報対策チームの役割

One Point

緊急時のマスコミ対応六つの原則

① **ポジションペーパーに準拠する**
　ポジションペーパーとは，事態の経過を含めた公表可能な情報とそれに対する評価・対応策をまとめたもの

② **時間を常に意識する**
　テレビの報道番組の放送時間や新聞の締切時間など．

③ **情報は継続的に出して行く**
　メディアを情報の飢餓状態にしない．

④ **業界の価値観や慣例などはそのまま通用しない**

⑤ **メディア対応はすべて記録する**

⑥ **緊急事態対応中は情報のリークやメディアの差別はしない**

2.4 個別の BCP の策定

Q 12 ステークホルダーへの連絡,周知はどのようにすべきですか?

　事業所の事故などインシデントの発生によって,多くの人々に悪影響を及ぼしてしまうことがあります.例えば,工場で大規模な火災が発生すれば,周辺住民が自宅から避難したり,工場の生産を停止したりしなければならないことがあります.組織はこのような地域を含めたステークホルダーに対する法的,道義的双方の責任の範囲とレベルについて理解をし,ステークホルダーのニーズを満たすようなコミュニケーションを適切にとる必要があります.コミュニケーションが不適切であると,インシデント終息後の復旧活動に理解が得られないおそれがあります.例えば,周辺住民は,鎮火後に工場再建に同意を与えないように,役所に申入れをするかもしれなのです.

　ステークホルダーとのコミュニケーションは BCM にとって非常に大事な要素です.

(1) 対応すべきステークホルダー

　BCM では,組織が対応すべきステークホルダーを洗い出す必要があります.これを「ステークホルダー分析」と呼びます.一般的に考えられるステークホルダーには,次のような個人やグループがあり,そのすべてとの周知・連絡等(コミュニケーション)を行い,管理していきます.

① 従業員及びその親族,友人など
② 顧客,部品等の供給先
③ 株主,投資家
④ 組織の他部署(大きな組織の場合)
⑤ 官公庁・自治体等当局
⑥ 地域住民など

⑦ 警察や消防（死傷事故にかかわる問題への対応）
⑧ マスコミ（地方紙，全国紙，ラジオ，テレビ，インターネットほか）

(2) 対応上の留意点

事前に検討しておくべき事項は前記の Q 11 に同じですが，危機に直面した場合の対応上の留意点を図表 2.16 に掲げておきます．これらを考慮して対応しましょう．

特に，図表 2.16 にある「認識こそが現実」という点は重要です．コミュニケーション上のリスクは，科学的，客観的な認知や認識よりも，「ある出来事の不確実性に関する**主観的**な見積り」に左右されます．これをリスク認知といい，マスコミ対応などを行うときには，軽視しないようにしましょう．

図表 2.16 対応上の留意点

留意事項	対応のポイント
対応上の責任の明確化	コミュニケーション方法を決定する責任者全員で，コミュニケーションの実行者，方法，内容について事前に合意しておかなければならない．
認識こそが現実	組織の評判は，何が起きたかということよりも，**何が起きたと人々が思ったか**ということ及びそれに対する組織の対応方法についての**人々の認識**から強い影響を受ける．
ニーズの理解	主要な伝達相手及び相手が知る必要のあることは何かを理解する．
迅速な処置	沈黙の時間が続けば，組織の評判は1時間ごとに悪化する．優位な位置からコミュニケーションができるような立場を確保しなければならない．
公開性	様々な伝達相手に対して法的かつ実際的に提供可能な情報をできるだけ提供する．隠していることが何もないということを示すことは，疑念を払拭するために役立つ．
無関心でないことの明示	伝達相手の視点から見て，相手が知る必要のある事柄を伝える．自分が語りたいことのみを語るのではない．

2.4 個別の BCP の策定

Q 13　BCP において特に重要なことは何ですか？

　BCM では事業継続計画だけを作るわけではなく，いろいろな機能をもった文書を作らなければなりません．例えば，米国 NIST の SP 800-34 には，IT の事業継続に関連する計画として，事業継続計画（BCP），事業復旧（再開）計画（BRP），運用継続計画（COOP），サポート継続計画/IT 緊急時対応計画，緊急時コミュニケーション計画，サイバーインシデント対応計画，災害復旧計画（DRP），人員緊急時計画（OEP）の八つの計画が掲げられていますが，それらを組み合わせて自組織で「使える」計画書を作る必要があるのです．BCP だけではないのです．

(1)　重要なのはリーダーシップ

　BCM の対象として，大地震や新型インフルエンザなど巨大災害だけに限定している組織が見られますが，巨大災害だけを想定しているとエスカレーション（事態の段階的拡大）や BCP の発動などのコントロール（統制）という臨機応変の機能を実行できないことがあります．BCM は，もともと対象事象を問わない全危険対象（All Hazard）であり，臨機応変の対応も計画書類に反映させなければならないのです．

　英国 BCI の実践ガイドラインでは，インシデント対応の構造として，英国の警察などが採用している「ゴールド・シルバー・ブロンズ指揮命令」モデルを推奨しています（図表 2.17 参照）．このゴールド・シルバー・ブロンズモデルは，予想外の事象に対処するために重要であり，組織トップのリーダーシップの発揮が前提となっています．

(2)　エスカレーションとコントロールが基本

　組織がどのようなインシデントにも対応できるように，図のとおりエスカレーションとコントロールを展開するランクと責任区分を示しています．「戦略的 – 戦術的 – 実行モデル」ともいわれます．

図の意味は次のとおりです．

"ゴールド"では，トップが長期・広範の展望をもつ組織全体の「戦略」を立て，"シルバー"では，現場の対応策である「戦術」を立て，"ブロンズ"で「実行」する役割です．この流れをコントロール（統制）といいます．

一方，小規模なインシデントであれば，"ブロンズ"で対応しますが，事態が拡大し"ブロンズ"では手に負えないと判断すると，"シルバー"が対処方法を決定します．そして，より大規模な，又はより重大な事態が懸念される場合には，"ゴールド"が人的，物的資源等の調整などに関する決定を下し，責任を負います．これをエスカレーションといいます．このエスカレーションとコントロールがBCMの基本なのです．

ここで重要視されるのがトップのリーダーシップであり，それを支えるのが計画書といってもよいでしょう．極端にいえば，計画書はあくまで補完的な役割でしかないのです．BCPを作るだけではBCMはできないのです．

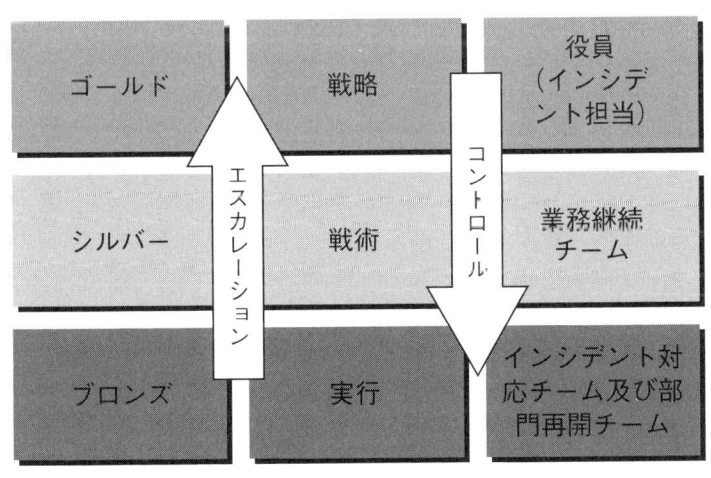

図表 2.17 「ゴールド・シルバー・ブロンズ指揮命令」モデル
（出典：Business Continuity Institute(2008)：*A Management Guide to Implementing Global Good Practice in Business Continuity Management*）

2.4　個別の BCP の策定

Q 14　BCP と法令等で決められている計画（消防計画）との関係は？

　2007 年 6 月に大規模な建築物その他の工作物における地震等災害の防止を図るため，「消防法の一部改正」（通常国会で成立）が公布されました．改正消防法には，地震災害に対応した防災体制の整備をはじめ，自衛消防組織の設置などが盛り込まれています．

　これに伴い総務省消防庁では，『消防計画作成ガイドライン』を公表し，対象物に即して適切なレベルの災害を想定し，必要な応急対策の内容や実施体制を具体的に検討することによって，一定水準の消防計画の内容を確保しようとしています．ガイドラインには，消防計画の具体的な作成手順とその内容等がまとめられています．最低限記載すべき事項等は省令で記述されていますが，ガイドラインが実質的な行政指導の中身と見ておくべきでしょう．

(1)　消防計画に盛り込むべき震災対策

　ガイドラインでは，火災対策と地震対策について図表 2.18 のような項目を消防計画に盛り込むことになっています．

(2)　BCM と改正消防法の関係

　改正消防法はかなり詳細に地震対策を規定していますが，BCM との関係を整理すると次のようになります．

　① 　消防法の基本的な考え方は，「国民の生命，身体及び財産を火災から保護する」ことを目的としているため，地震対策においても人命の安全確保と国民財産の保護が基調です．

　② 　消防計画に基づき行われる防火・防災管理業務は，人命安全の確保や二次被害の防止の点で，企業の重要な事業の継続という観点においてもその基盤として重視すべきものとされています．

　③ 　BCP を作成している場合には，特に緊急時に応急対策が的確に

第2章　Q＆Aで知るBCMの実際

図表 2.18　消防計画に盛り込むべき地震対策

項　目	概　要
①総則的事項	・計画の目的，適用範囲，管理権原，PDCA
	・防火管理者（防災管理者）及びその権限，業務，自衛消防組織
②予防的事項	・予防活動体制，チェック体制，記録，夜間・工事中対応等，定員管理
	・火気管理，危険物等管理，避難施設・防火上の構造等管理（火災特有の内容）
	・耐震診断，転倒防止，地域防災計画との調整，物資の事前確保等（地震に特有の内容）
③災害時	・自衛消防組織，運用体制，装備，指揮命令体系（共通する事項）
	・火災発見，通報，消火活動，避難誘導，安全防護，救出救護，消防機関への情報提供等（火災に特有の内容）
	・初期対応，発生時の被害確認，救出救護，エレベータ停止，出火対応，建物損壊対応，インフラ等機能不全対応，避難誘導，**災害復旧等との調整**，東海地震警戒宣言への対応等（地震に特有の内容）
④教育訓練	・従業者への教育（防火管理者，防災管理の講習，自衛消防隊員の講習，日常教育等）
	・訓練の実施（訓練実施時期・回数，実施方法，評価・改善等）

講じられるよう，意思決定プロセスや指揮管理体制の構築，計画・マニュアルの作成，訓練の実施が必要です．この場合，適切なトップのマネジメントが求められます．

One Point

改正消防法の対象となる防火対象物

【用　途】
百貨店，旅館・ホテル，病院，学校，オフィスビル，地下街等（共同住宅，倉庫等は除く）

【規模等】
①延べ面積5万m²以上
②階数5以上かつ延べ面積2万m²以上
③階数11以上かつ延べ面積1万m²以上
④地下街で延べ面積1千m²以上

2.4 個別のBCPの策定

Q 15　BCPのひな形はありますか？

　国内外を問わず，BCPのひな形（テンプレート）は多く公表されています．

(1)　公的なBCPのひな形

　図表2.19のような中央官庁等の公的ガイドラインに，ひな形やそれらしきものが解説してあります．

　しかし，経済産業省と中小企業庁以外のガイドラインはどれも「大規模地震」という一つのインシデントを対象にしたBCPです．それ以外のインシデントでは，そのままでは利用できないことを認識してから利用しましょう．

(2)　BCPはトップの意志決定を支援するために作る

　Q13で述べたように，BCMにおいて作成する文書はBCPだけでは

図表2.19　公的な指針とひな形

官庁名	ガイドライン名	ひな形
経済産業省	事業継続計画策定ガイドライン	参考資料集に「各フェーズにおける実施項目」のみ
中小企業庁	中小企業BCP策定運用指針	BCP様式類（記入シート）
中央防災会議	事業継続ガイドライン第一版	事業継続計画（BCP）の文書構成モデル例 第一版
静岡県	静岡県事業継続計画モデルプラン	記入シートが4種類．簡略編がおすすめ．
愛知県	あいちBCPモデル	記入シートが4種類．コンパクト版は静岡県のものより少し項目が多い．
徳島県	徳島県企業防災ガイドライン（web仕様）	PDF版の記入例がついている．ひな形としては使いにくい．
埼玉県	中小企業の防災・事業継続の手引き	記入イメージのみ

ありません．組織の意志決定の階層ごとに行動計画が必要です．BCPはその一部です．

英国BCIの実践ガイドラインが提案しているように，こうした行動計画は，組織の指揮命令の構造に合わせて作成していくことが望ましい場合があります．BCIの提案では，次の3階層に分けて作成します．

① ゴールド：インシデントマネジメント計画
② シルバー：BCP
③ ブロンズ：部署別復旧計画

この三つの階層は，それぞれ責任者とその役割が異なるので，分冊にすべきとされています．これらの文書はトップの意志決定の補佐的役割を果たすものであり，分厚い必要はないのです．

BCMの文書構造を上記のように3階層にするのか，別のものにするのかは，自組織の業種や業態などによって異なりますが，公表されている指針を参考にまず，その構造を明確にすべきでしょう．例えば，英国規格BS 25999-1の規定のように，インシデントマネジメント計画とBCPに分けるのも一法です．

BCIの実践ガイドラインでは，インシデントマネジメント計画には次の項目を含めるよう提案しています．

① マスコミ対応
② 組織の戦略問題に関する意志決定
③ 緊急対応等の体制検証など

これに対してBS 25999-1では，インシデントマネジメント計画には次のような項目を含めるべきだとしています．

① アクションプラン（初動対応の戦略など）
② 従業員への対応（要員，関係者，知人，緊急連絡先への連絡）
③ マスコミ対応
④ ステークホルダー管理（マスコミ以外のステークホルダー）
⑤ 参集場所（指揮所）
⑥ 資料（緊急連絡先一覧，地図，チャート，計画書等）

2.4 個別の BCP の策定

Q 16 新しいリスク（新型インフルエンザなど）に対する計画はどう考えればよいですか？

新型インフルエンザのような，予防から緊急対応，業務継続・再開というすべての段階のマネジメントが必要なリスクこそ，BCM のベースライン（基本）を適用すべきです．

(1) 撤収の決断が生死を分ける

厚生労働省が 2008 年に『事業者・職場における新型インフルエンザ対策ガイドライン』を改定しました．公的なガイドラインなので，はっきり書いていない部分が散見されますが，重要部分について補足してみたいと思います．

新型インフルエンザは，図表 2.20 のように人の命と業務継続を秤にかけるリスクです．

感染予防しながら事業継続を図っていく離れ業が必要になります．十分な感染予防策を講じなければ，事業継続は行うべきではありません．自社の感染予防策のレベルに応じて，WHO のアラート・レベルのどこまで，業務を継続し，どのレベルで業務を撤収するか臨機応変の対応が不可欠です．

また，新型インフルエンザとひと言でいっても，現実にどのようなものかは明確ではないので，Q 13 で述べた臨機応変の対応モデル，特にトップの戦略と決断が求められるのです．

このガイドラインでは，一般の組織に対しては，基本的に業務の「縮小・休止」を求めてい

図表 2.20 感染予防と事業継続のバランス

ますが，重要なことは次の3点にまとめられます．

① インフルエンザには勝てないことを認識し，従業員の生命の安全（感染予防策）を優先して，業務の縮小・休止の時期を見極め，全従業員に必ず撤収を伝達できるようにしておくこと．

② 継続すべき事業は「クリティカル（時間的に緊急度の高い）」なものであり，「大事」な事業ではないことを認識すること．

③ 事態は予測不可能であるため，コントロールの仕組みを明確にし，従業員の理解を事前に必ず得ておくこと（**Q 13**参照）．

(2) 情報戦争であることを認識すべき

新型インフルエンザについては，時々刻々と情報が変化していきますので，最新情報をいち早く入手することが極めて重要です．インフルエンザと闘うのではなく，情報と闘う「情報戦争」との認識が必要です．有益な情報をいち早く入手し意志決定を早めることがそのまま生死につながっていくのです．常時チェックが必要なホームページは次のとおりですが，このほかにも有用な情報を発信しているものがありますので，探してみましょう．

・内閣官房・新型インフルエンザ及び鳥インフルエンザに関する関係省庁対策会議（http://www.cas.go.jp/jp/seisaku/ful/index.html）
・厚生労働省・新型インフルエンザ対策関連情報（http://www.mhlw.go.jp/bunya/kenkou/kekkaku-kansenshou04/index.html）
・外務省海外安全ホームページ・感染症関連情報（http://www.anzen.mofa.go.jp/kaian_search/sars.asp）
・国立感染症研究所の感染症情報センター（http://idsc.nih.go.jp/index j.html）
・世界保健機関（WHO）高病原性インフルエンザ関連情報（http://www.who.int/csr/disease/avianinfluenza/en/）

2.4 個別の BCP の策定

Q 17 なぜ部署ごとに計画を立てなければならないのですか？

　部署別の計画は必ず必要なものではありません．組織全体の BCP だけで十分機能するのであれば，不必要です．
　(1) マストではない
　しかし，すべての復旧手順を一つの文書に収めると，BCP は膨大で使いにくいものになってしまいます．規模の大きな組織の場合には，各部署の対応や復旧計画を全体の BCP から取り出して独立した文書とし，その文書の作成や維持が当該部署の責任となるようにした方が使いやすいのです．
　その際，Q 13 で述べた「ゴールド・シルバー・ブロンズ指揮命令モデル」の 3 階層目であるブロンズ（実行レベル）に相当する役割を部署に担わせると，計画を分離しやすくなります．その場合の部門計画は，「行動指向的」であるべきで，このため素早い参照を意識した構成にする必要があります．
　ブロンズ（実行レベル）の対応計画では，部署によるインシデントへの対応を主たる項目とするとよいでしょう．具体的な事例は Q 19 を参照してください．
　部署にとって，部門計画は，自事業の再開の準備をするためのものです．施設管理や IT のような組織のインフラを管理する部署にとっては，この計画は，組織全体の業務回復又は代替施設の提供・稼働のための体制を提供するものとなります．
　(2) BCI が提案する階層ごとの計画の相違と内容
　英国事業継続協会（BCI）が提案する 3 階層でのインシデント対応（Q 13 参照）では，それぞれごとに計画書ができます．
　組織に重大な影響を与えるようなインシデントに対しては，この 3 種

類の計画で事態の時系列変化の各段階においてそれぞれ異なった対応を規定し，重複しないように考案されています．図表2.21はBCIが提案する計画書の内容の例示です．あくまでBCIが考える一提案なので，自組織の実態等に合わせて，その構造を変更しましょう．

この3階層のレベル分けは，拠点が中規模以上の組織に適しているので，規模の小さな組織は，直接対応する一つの管理グループが戦略，戦術及び実行を担う形を取ってもよいでしょう．

また，トップと現場という分け方が適している組織では，事業継続計画と部署の再開計画をまとめて一つのBCPとするほうが使いやすいでしょう．要は，自分の組織で採用している文書体系に合わせることが肝要なのです．

図表 2.21　指揮命令系統に合わせた計画書（例）

事態段階	状況	インシデントマネジメント計画（戦略対応）	事業継続計画（戦術対応）	部署の再開計画（実行）
1	直後の影響	・メディアマネジメント ・戦略的アセスメント	・警察や消防との連携 ・被害アセスメント ・事業継続サービスの公式発動	・被害抑制と救出作業（施設） ・被害者管理（人事）
2	被害の拡大防止	・メディアマネジメント ・事業継続チームのモニタリング	代替経営資源の動員	スタッフのコミュニケーション
3	事業再開の開始	警戒態勢解除	代替経営資源の管理	重要な事業機能の再開
4	収束	レビュー	警戒態勢解除レビュー	そのほかの機能及びプロジェクトの再開

2.4 個別のBCPの策定

Q 18　どのように部門計画を作ればいいですか？

各部署に部門計画の策定を指示する場合には，復旧戦略（方針），復旧の優先順位等，組織全体のBCMの方向性を部門計画策定責任者などに理解させてから臨むことが必要です．

(1) 部門計画の策定手順

部門計画の策定の一般的な手順は次のとおりです．組織の実情に合わせて修正しましょう．

Step 1：準備

① すべての部門計画の策定責任者と部署内で部門計画を策定する代表者を指名する（図表2.22参照）．
② 計画の目的と適用範囲を定める．
③ 計画策定手順及び日程を定める．可能であれば，もっとも緊急性の高い事業に対する計画から策定を始める．

Step 2：フレームワークの構成

④ 計画の土台となる部署全体のBCM戦略を決定する（組織全体の戦略に準拠する必要がある）．
⑤ 計画の構成，形式，構成要素，内容を決定する．
⑥ 文書の標準化を促しつつも，必要であれば個別の違いも認めるよ

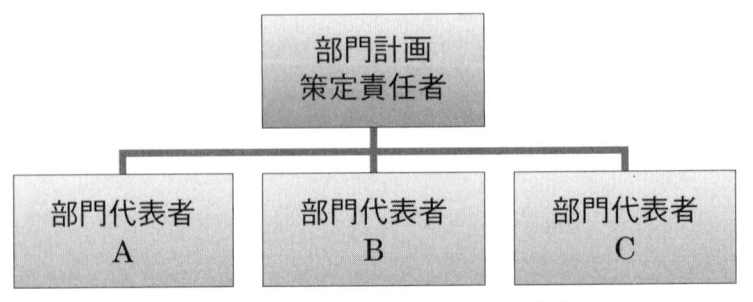

図表2.22　部門計画の策定体制（例）

うな大枠又はテンプレートとなる計画を策定する.

Step 3：部署別の策定作業
⑦　部署ごとに，自らの計画に定めた役割について要員を指名する.
⑧　部署内における計画策定の管理と指導を行う.
⑨　計画案を部署内及び必要な場合には部外にも回覧して助言，レビュー，問題提起を求める.
⑩　上記の助言等をもとに必要に応じて計画を修正する.

Step 4：検証
⑪　部署内のテスト・訓練によって計画を検証する.
⑫　部門計画全体を見渡し，不整合がないかレビューする.
⑬　BCP及び部門計画相互間のつながりを検証し，明確にする.
⑭　部門計画の実施に必要な経営資源を分析し，その調達と調達上の課題を明確にする.

(2)　策定上の留意点

部門計画を策定する際には次のような事項に留意しましょう.
①　事業や業務の複雑さと緊急性に応じて，一つの部門計画が一つの活動を対象とするか，一つの部署が複数の活動を対象とするかが決まることがあります.
②　複雑な組織の場合には，部門計画を更に分けて，個別の対応や拠点・設備に対するより詳細な計画とすることもできます.
③　部門計画を策定する際には，部署内で次のような活動を行い，必要な情報の収集と構成員の意識向上を図るとよいでしょう.
　・部署内のキーパーソンとの面談
　・組織全体の事業インパクト分析（BIA）の結果をより細かく把握するために，部署活動に関するBIAや必要となる経営資源の洗い出し（分析）を行う.
　・部署内での検討会

2.4 個別の BCP の策定

Q 19 部門計画で決めなければならない対応項目は何ですか？

(1) 部門計画の例

部門計画として典型的なものは次のようなものですが，組織の業種・業態等によって必要な対応項目は変わっていきます．

① 施設の損壊対応（施設管理担当部署）
② マスコミ対応（広報部門）
③ 従業員の福利厚生に関する対応（通常，人事部）
④ 自部署の事業の再開計画（各部署）
⑤ IT システムの再開計画（IT 部門）

もっとも重要なことは，戦術レベルの計画である BCP との重複回避です．BCP に含めてしまうのも組織の規模によっては一つの方法ですが，分ける場合にはその相互依存関係を明確にして重複や脱落のないようにすることが肝要です．どうしても BCP と重複してしまう場合には，無理をせずに一つの BCP としてしまいましょう．

(2) 対応項目のイメージ(例)

部門計画に含める対応項目は，部門計画の位置付けや部署の特徴などによって異なりますが，図表 2.23 に例を示すことでそのイメージは理解いただけるのではないでしょうか．

第2章　Q&Aで知るBCMの実際

図表2.23　部門計画の対応項目（イメージ）

フェーズ	対応事例（イメージ）
初動対応	建物等からの退避及び「現場待機」
	爆発物のインシデント及び類似したシナリオへの対応
	退避場所（代替拠点やオフサイト拠点も含める）
	警察や消防との連絡
	従業員や訪問者の把握及び退社
	従業員の安否確認手順
	エスカレーションを行う状況
	従業員への連絡手順
業務再開	緊急時対応組織からの初報要請への対応
	部署内対応組織の要員への連絡
	緊急時対応組織へのエスカレーション手順
	エスカレーションにより事業継続対応を発動する基準（事態が部署の対応範囲を超える場合）
	経営資源及び契約業務の復旧・サルベージ（データ等の救出）
	業務の再開計画（規定すべき項目） ・従業員数 ・主要連絡先 ・事業活動再開の手順 ・事業活動再開の優先順位 ・特別な手順（あれば） ・仕掛品の対応 ・必要となる消耗品（文具，装置等）
復旧活動	従業員の生活等福利厚生
	労働安全衛生についての法的義務
	従業員のカウンセリング及びリハビリの準備

2.5 訓練及びメンテナンス

Q 20 訓練にはどのような種類があるのですか？

本来,「訓練」とは「知識を獲得し習熟するための台本に従うことが求められる一連の手順の実践.例えば,火災避難訓練など」のことをいいます.従業員に事業継続マネジメント（BCM）を周知・徹底するためにはこの訓練や教育が大変重要ですが,類似の活動に「テスト」と「演習」があります.「テスト」は,「構築したBCMがうまく機能することを確認する」ためのもの,「演習」は「通常はシナリオ仕立ての事象に関して意思決定能力を試す場合」に用いられます.例えば,重大なインシデントに対する図上演習などを指します.

国際的な指針や規格を組織に適用する際には,この区別をしっかりわきまえる必要がありますが,本書では総称する場合には「テスト・訓練」とします.

(1) テスト・訓練の種類

テスト・訓練は,各組織が工夫してつくり上げるべきものですが,一般的な例をあげれば,図表2.24のようになります.

インシデントが発生した際の初動期に行う活動に関する訓練は,わが国でも,消防訓練（初期消火活動,119番通報等）,避難・誘導訓練,連

図表2.24 テスト・訓練の種類と検証項目（例）

検証項目	種 別	実施方法
体制の確立	テストとして実施	机上（文書レビュー）
緊急連絡網・安否確認	テストとして実施	実践
消防・避難訓練	防災訓練として実施	実践
システム障害訓練	・テストとして実施 ・個別システムの障害訓練として実施	実践・机上
BCP総合訓練	関係部署を対象とした総合訓練	実践

（出典：経済産業省（2005）：事業継続計画策定ガイドラインをもとに作成）

絡訓練，徒歩参集訓練，地域の防災訓練への参加などが行われています．

(2) シミュレーション訓練

図表 2.24 のほかに，BCM 全体の有効性を評価するためには，組織にとって重大なインシデントのシナリオに基づいて，復旧プロセスに関し，次の機能を検証するシミュレーション訓練の実施が有効です．

① 技術面：設備類が機能する．
② 対応手順：対応手順が適切である．
③ 論理面：対応手順が論理的に整合している．
④ 適時性：対応手順が復旧する事業や業務に求められる目標復旧時間（RTO）を達成できる．
⑤ 管理面：対応手順が管理可能である．
⑥ 要員：適切な人員が関与し，それらの人員は要求される技能，権限及び経験を有している．

BCM は原因事象を問わないと何度も述べましたが，こと訓練に関しては想定事象に基づいて行います．その際，もっとも重要なことは，現実的なシナリオを選ぶことです．現実的な事業シナリオを設定すれば，参加者はその事象に熱心に取り組み，最終的に得るものが多くなるでしょう．

参考資料として日本赤十字の『災害救助図上シミュレーション訓練実施マニュアル』(http://www.jrc.or.jp/active/saigai/manual/saigai.html) が公表されていますので参考にするとよいでしょう．

2.5 訓練及びメンテナンス

Q 21 計画の更新はどのタイミングで行うべきですか？

　組織は常に変化していますので，BCMの維持・更新は不可欠です．このためには，計画の維持・更新をBCM独自の別体系として作り上げるのではなく，正規の文書管理に組み込む方がいいでしょう．
(1) 組織の変化を監視する
　BCMに関するテスト・訓練において判明した課題は，従業員，拠点の立地又は技術など組織の変化によるものです．また，組織の外部影響も変化していますので，次の項目についてもレビューを行い，組織の変化を監視しましょう．これが計画の維持・更新の始まりです．
① 事業・業務プロセス
② 立地
③ 技術
④ 従業員

監視すべきポイントは次のとおりです．
① 事業インパクト分析（BIA）の前提条件を検証し，直近のレビュー以来，時間に関する要件が変化したか否かを判断します．
② 経営資産の原状復旧に関して，現状の外部委託でよいか，有効かを判断します．
③ 優先的に復旧する事業（クリティカル）にかかわるサプライチェーン各社の事業継続活動の適否を判断します．
④ 計画の変更及び修正をすることによって，従業員等の教育やテスト・訓練，意識向上やコミュニケーション上のニーズが生まれるか否かを判断します．

(2) 維持・更新の時期と責任
　維持・更新については，組織の文書の管理規則に従うことが前提です

が，一般的に次のように考えられます．

定期的な更新と責任
① 部門計画の責任者は，従業員の連絡先電話番号，要員の任務，外部業者の連絡先，応急救護用具などについて責任をもって更新します．更新は事案発生時や適宜行います．
② BCPの計画部分は，BCPの維持の章に規定される予定に従って，月に1度から年に1度の頻度で更新します．
③ 監査の際に更新履歴を示すために，最終更新日付と更新者（部署）をBCPや部門計画などの章の冒頭に明示します．

臨時の更新の時期
定期的な維持・更新だけでなく，次のような組織の環境等が変化した場合には，臨時で維持更新を行うことが重要です（図表2.25参照）．
① 事業・業務プロセス，立地，技術又は従業員において大規模な変化があった場合
② テスト・訓練を行い，その結果解決すべき課題が出たとき（テスト・訓練の後）
③ 監査において改善を勧告されたとき

図表2.25　定期更新と臨時更新

2.5 訓練及びメンテナンス

Q 22　監査すべき項目は何ですか？

　BCM の活動をレビューする方法は二つあります．
① 　監査（内部監査と外部監査）
② 　自己診断
(1)　監査の役目
　このうち，監査はもっとも効果的に BCM の活動の有効性をレビューすることができる方法です．監査には五つの重要な役割があります．
① 　BCM 方針及び基準が遵守されていることを評価すること
② 　BCM にかかる対応策をレビューすること
③ 　事業継続計画（BCP）などの BCM にかかる文書類を評価すること
④ 　テスト・訓練や維持更新が適切に実施されていることを証明すること
⑤ 　計画類に欠陥や課題があった場合に，その解決を促すこと
　監査には，内部監査と外部の監査人や事業継続の専門家による外部監査があります．監査は毎年または 2 年に 1 度実施するとよいでしょう．BCP 等の責任者は監査にすべてを任せず，監査の合間に自己診断を頻繁に実施し，自ら改善を図っていくことが重要です．
(2)　監査すべき項目は
　BCM のマネジメントシステムの監査については，自組織にある通常の業務監査の基準を適用できます．監査は，定められた規格や方針をもとにした公正なレビューの一つなので，BCM 固有部分の監査についても BCM にかかる規格や基準をもとに実施する必要があります．この部分がほかの業務監査とは異なることがあります．
　監査は，BCM で採用した対応策が正しいことを証明するものではなく，策定や運用のプロセスが正しく履行されてきたことを証明するもの

です．

このため，自組織のBCM方針や図表2.26のような公的な規格を参考にして実施するとよいでしょう．

また，BCMのマネジメントシステムの監査に関してQ23で述べる監査計画，実施計画，監査チェックシート等の規定・手順書等を準備することも大切です．規定等は，通常の業務監査の手順書と統合しても，独自に定めてもかまいません．

図表2.26　監査の参考になる主な規格・基準等

種　類	規格・基準等	備　考
国内及び国際的な規格	・国内規格はない ・BS 25999-1 ・BS 25999-2 ・ISO/IEC 27000 シリーズなど	・2008年現在 ・監査にはマネジメントシステムの規格であるBS 25999-2が最適．
規制要件	・東京都震災対策条例 ・金融庁『総合的な監督指針』	・拠点の自治体の条例等を調査．
法的要件	消防法（2007年改正）	・2009年施行 ・BCPとの接点，一部重複がある．
企業向けの指針	・経済産業省 ・中小企業庁 ・中央防災会議	そのほかの自治体等は資料1を参照．
業界ガイドライン等	・建設 ・百貨店 ・電子情報技術産業 ・証券 ・損害保険 ・ホテル　ほか	・BCM全般ではなく，震災対策の指針もある． ・増加傾向にある．

2.5 訓練及びメンテナンス

Q 23　監査はどのように行うのですか？

　BCM 監査の目的は，組織の BCM の有効性と能力を精査し，その程度をあらかじめ決めた規格や基準等と比較して確認することです．

(1) 監査で検討すべきこと

BCM 監査の実施にあたっては，次の内容を検討する必要があります．

① 監査計画の策定

　計画には次のことを含めましょう．

- ・実施する監査の種類
- ・監査の目的及び成果
- ・自組織に適合していれば，BS 25999-2（事業継続マネジメントシステムの仕様）などの監査の枠組みを利用すること．ただし，法律又は規制の要件によって適用できない場合があります．

② 監査範囲の決定

- ・監査すべき課題を決定する
- ・監査すべき組織の分野／部門・部署／拠点を決定する

③ 監査方法の決定

- ・監査の手段（アンケート・対面インタビュー・文書レビューなど）
- ・監査の実施予定及び終了日
- ・監査評価基準（規格）等の決定（Q 22 の図表 2.26 参照）

・BCMなどの専門家の意見又は監査実施のための第三者からの支援に関する要求事項を明確にしておくこと
④ 収集情報と基準等とのギャップ分析
収集した情報の内容と基準とのギャップを特定し，必要であれば追加インタビュー等を実施する．

(2) 監査の方法

監査の実施方法は，監査人が決定すべきですが，例として次のようなパフォーマンス指標を利用することもできます．
① 前回のテスト・訓練からの経過月数
② 前回のテスト・訓練以来解決されていない課題数
③ BCPなどの文書類の完全性
④ 前回の事業インパクト分析からの経過月数
⑤ 前回の事業インパクト分析以来解決されていない課題数
⑥ BCPで活用するITシステム（例えば，安否確認システムやデータベースシステムなど）の評価結果
⑦ 事業が変更された場合や新規事業を興した場合のBCPへの組み込み状況の評価結果
⑧ 要員，その連絡先，外部業者，復旧現場への設備・機器の支給など，緊急時対応組織に必要なデータの十分性と活動の実行可能性
⑨ BCM予算の確保
⑩ 予算の管理（執行状況）
⑪ 自己診断の状況

BCMのパフォーマンスが悪かった場合には，その結果として次のことを行う必要があります．
① 内部監査部門がBCPを「不適切」なものと認定する．
② 状況改善を図るために事業継続の専門家が実施する事業継続レビューを勧告し実施させる．

BCMの責任者は自己診断とこの監査結果に基づき，PDCAのC（Check）及びA（Act）を行っていくのです．

2.6 BCM 文化の醸成

Q 24　社内の BCM に関する意識レベルはどのように測ればよいですか？

　BCM の導入効果や浸透状況，あるいは組織文化としての定着度を確認するためには，実際に障害や事件・事故が発生しないと明確にはわかりづらいという難しさがあります．しかし，組織的な取組みとして経営資源を投下するからには何らかの評価の観点をもつ必要があります．ここでは，国内外の先進組織が導入したり試行錯誤したりしている取組みをご紹介します．

(1) 組織単位の意識レベル

　まず，BCM を導入し始めた組織で意識レベルを具体的に測るには，組織全体の BCM 方針に基づいて策定される部門計画の策定レベルをレビューするといいでしょう．できれば実際にヒアリングなどを実施して，次の視点で組織単位での意識レベルを確認することも重要です．

　① 計画策定の過程において十分な考察と意思決定がなされているか．

　② 従業員への徹底度合いはどうか．

　また，訓練を行っている部署については，事前にその訓練のシナリオをレビューすることで，次のことが確認できます．

　① いわゆる「想定外」の事象が発生したとしても対応できるような柔軟性をもとうとしているか．

　② 外部依存性への考慮は十分になされているか．

　③ 部門長の訓練への参加予定はあるかどうか．

　実際，米国の銀行では少数の BCM 専門部隊がこのようなアプローチを採ることで効率的に銀行全体の BCM のレベル管理と各部署の意識レベルの高揚に努めています．

　さらに，訓練の結果報告をレビューすることで，当該部署で多くの「気

づき」や発見があったかを確認することができます．「気づき」や発見が少なく，また，不具合があまりなかったような訓練を実施した部署については，結果が相応であったことをポジティブに評価するのではなく，むしろ，意識レベルが低く訓練の目的を勘違いしている可能性もある，と考える必要があります．

(2) 従業員単位の意識レベル

組織内の全従業員の意識レベルを個別に図るには，アンケートなどによる組織内調査なども考えられますが，意識レベルを自己申告で図るのは客観性に欠けてしまう可能性がありますので，できれば外部評価機関又は社内の専門部門や部門長による評価を導入するとよいでしょう．また，外部資格の取得状況や研修・セミナーへの出席状況も参考値として考えられます．重要業務に携わる従業員には啓発活動も兼ね社内テスト（筆記・口頭）の導入を検討されてもよいかもしれません．また，中長期的にBCMの分野でキャリアを積み上げる必要のある社員については，早い段階から社内セミナーの講師を務めさせるなどして，モチベーションも上げながら，自らの使命を自覚させるということも有効でしょう．

One Point

外部研修・セミナーや専門資格制度の活用

BCMの専門知識や外部とのネットワーキングが必要と思われる従業員については，外部研修・セミナーに積極的に派遣したり，専門資格（BCI，DRII，事業継続推進機構（BCAO）などの資格など）取得の奨励や取得時の報酬制度の導入などが意識啓発の選択肢として考えられます．

2.6 BCM 文化の醸成

Q 25　一生懸命やっているのに従業員の意識が上がりません．何かよい方法はないですか？

　従業員の意識高揚は一朝一夕では達成し得ないことであり，これは国内のみならず欧米の先進企業でも同じような状況が見られます．しかし，BCM は経営そのものであり，経営者のみならず現場の従業員に至るまですべての個人に組織文化として定着させないとその実効性は確保できません．トップのコミットメントの下で，愚直に研修やテスト・訓練を繰り返しながら，その手順を体得させると同時に，その重要性についても強く意識レベルに埋め込む継続的な努力が必要です．

　とはいえ，官民問わず雇用された立場の従業員には何らかのインセンティブがなければ，必要最低限以上の気力・体力を BCM に注ぐモチベーションをもつことが難しいのも現実ですので，ここではいくつか国内外の組織で導入され従業員の意識高揚に効果が確認されつつある取り組みをご紹介します．

(1) 業績評価への反映

　なかなか組織内に BCM の意識が根付かなかった欧州の大手保険会社は，ある特定期間，全世界の事業所の責任者の業績評価項目に BCP の策定と，BCM の組織内導入の取組みを入れました．まずはキックオフという位置付けでこのような「荒療治」を試みたわけですが，その後も違った形で業績評価への反映を個別従業員のレベルにまで展開しながら，更なる企業レジリエンシー向上の取組みを推進しています．

　障害や事件・事故が実際に発生しない限り，具体的な実績や評価につながりにくい BCM への取組みは，平常時に評価される仕組みや考え方を導入した企業こそ，中長期的には顧客や市場から信用され，結果的に企業価値が向上するような時代がそのうち到来すると考えられます．

　「ローマは一日にして成らず」

試行錯誤をしながらもこのような内部努力を愚直に積み上げてゆく経営姿勢が問われています．

(2) BCP，訓練にかかわる評価の組織内公開

上記と関連しますが，BCPそのものや，訓練にかかわる評価を組織内で公表，特別賞与を伴う表彰制度なども併用することで，BCMへの取組みの強化を図ったり，また自らの失敗すらも冷静に分析して改善点として組織の共有に努めることが貢献度としてポジティブに評価されるような仕組みを導入して，組織全体としての意識レベルを高揚することに取り組むことも重要です．その結果として，個人レベルの意識高揚も期待することができるようになります．

(3) 「備えよ常に」

業績評価や表彰制度をアメとムチのアメとするならば，ムチの部類に分類されるかもしれませんが，米国大手証券会社の重要業務を担うデータセンターでは，通常の訓練以外に，たとえ平日の日中であっても突然，センター長の「BC訓練開始！」の一声で訓練が開始されます．市場が開いている状態でバックアップシステムへの切替えや従業員のバックアップサイトへの移動はリスクも伴いますが，そのセンター長は「このような訓練に対応できなければ，本当の障害や事件・事故の際に対応できるわけはない」という信念の下にこの訓練を実践しています．部門や従業員によっては突然の事態への対応が不十分で「恥をかく」こともありますが，大切なのは，そのことについて責任を追及するのではなく，その後の体制強化に結びつけることを促すことです。ちなみにこの証券会社は9.11の際に大変苦労をした経験をもっています．

2.6 BCM 文化の醸成

Q 26 従業員の教育・意識啓発のためにどのような方法がありますか？

　組織にBCMを導入する際に形式要件にこだわりすぎると，立派で分厚いBCPが役職の机の上か重要書類棚に「鎮座」して，実際に障害や事故・事件が発生した場合の対応には使えない「絵に描いた餅」になってしまう可能性が非常に高くなります．

　BCMの実効性を高めるには，従業員やBCM担当者が参画意識と必要なスキルをもつことが極めて重要です．併せて，従業員のキャリア設計や業績評価・報酬制度への考慮も不可欠であることも忘れてはなりません．BCM文化の醸成は一朝一夕では成し得ません．地道な努力を，様々なアプローチや取組みを通じて行う必要があります

(1) 研修（社内・社外）

　よく欧米ではAwareness Program（「気づき」のための研修プログラムやキャンペーン）を初期段階で全従業員を対象に実施されることが多くなってきました．その目的は，各自に「何を，どこまで，なぜ守らなければならないのか」といったことを気づかせることです．このプログラムではCEO（最高経営責任者）が各事業所を行脚してスピーチをしたりするレベルから，組織の社是・社訓（ミッション・ステートメント）が印刷されたパソコンのマウスパッドを使用させたり，啓発用CD-ROMやパンフレットを配布したりといったレベルまで様々な取組みがなされています．その背景には，BCM導入初期段階でゆっくり時間をかけてでも従業員に自らの「気づき」をもってもらうことが，その後の組織文化の醸成も含めた，中長期的なBCM体制の構築に不可欠であるということがわかってきたことがあります．

　一方，BCM担当者を対象とした外部研修やセミナーも，これまで内部監査やISO 9000/14000シリーズに関する研修・セミナーを実施し

てきた企業などが提供し始めています．

(2) 訓練の計画・実施

BCPで定められた手順を確認する訓練を全組織レベルや事業所，部署レベルで展開します．特に重要なのは従業員の安否確認手順の確認，BCP発動の指示やその後の復旧作業の指揮命令系統に必要なコミュニケーション方法，オフィス（バックアップ施設も含む），重要書類，復旧優先度の高い業務やサービスの従業員，システムやデータといった事業継続に不可欠な機能や経営資源（リソース）です．訓練はこれらのリソースを確保する段取りを実際の訓練でたどりながら，確実にすることを目的とします（詳細はQ20参照）．

(3) BCM担当者のスキルアップ

① 専門資格の取得

BCM担当者のスキル向上には，モチベーションをもたせるために専門資格を取得させる方法があります．できれば英国BCI，米国DRIIといったすでに市場の評価も獲得し，その資格により労働市場での流動性を確保できる（より高度な職責を求めて転職が可能となる）制度をまずは目指す姿勢も重要です．専門資格制度の活用はQ24のとおりです．

② 外部ネットワークへの参加

資格保有者や専門家が集まる外部ネットワーク組織（NPOや専門家会議）に参加させるのも，モチベーションの向上のみならず，組織外の動向やほかの組織で得られた知見の収集，さらには障害や事件・事故発生時の支援要請の観点からも大変効果的な選択肢であると考えられます．

③ 外部コンサルタント活用時のノウハウ吸収

もし，組織的にBCM導入や評価，演習実施などの際に外部のコンサルタントや専門組織を活用する機会があるようでしたら，是非，BCM担当者をプロジェクト・マネージャーとし，プロジェクト期間中にできるだけ多くの知見やノウハウをコンサルタントや専門組織から吸収するように努めるべきでしょう．その際，プロジェクト期間中は，ほかの業務からできるだけ解放するという配慮も必要です．

2.6 BCM 文化の醸成

Q 27 トップにわかってもらうにはどうしたらよいですか？

どのような組織においても，BCM の導入や定着にはトップのコミットメントやトップ自らの問題意識に基づいた責任感と行動力が必要です．しかし，実際には結構な数の組織で，BCM の投資対効果が見えない，BCM に取り組まなければならない必要性が低い，などといった理由でトップ自身の意識がまだ薄く，BCM への取組みが遅延していることに BCM 担当者が苦労している事例が散見されます．このような観点から，トップの意識が低い組織においては，その意識啓発が最初に取り組まなければならないことといえましょう．

(1) 外部経営環境としてのブリーフィング（簡潔な状況説明）

官民や NPO といった組織形態を問わず，その社会的責任を考えた場合，事業継続を考えなくともすむような組織はありえないと考えられます．特に企業の場合には，その存在の前提がゴーイング・コンサーン（継続し続ける存在）であることが，市場，投資家，取引先，従業員，地域社会といった利害関係者（ステークホルダー）から求められています．このような背景に基づき，BCM にかかわる政府系ガイドラインの公開・導入状況，ISO や英国規格など国内外の標準化や第三者認証の動向，業界内での導入状況，他社事例（特に失敗事例とその経済的損失），主な取引先やサービス利用者の意識や取組み状況を，あくまで外部経営環境のブリーフィングとして，公開情報や各種アンケート調査結果などを活用しながらトップの耳に入れ続ける（「ささやき」続ける）ことが肝要と思われます．

(2) ほかの組織の事例の報告

組織の形態や国内外といった場所を問わず，BCM にかかわる事例が入手された際には，その状況を自らの組織に当てはめてみて，それがど

のように起こりうるのか，また，組織の対応力はどうなのか，といった分析を加えて簡略に報告し続けることが必要です．このアプローチは安全工学などの分野のプロセス安全性評価の手法でもある「what-if」というアプローチに似ていますが，「せっかく」外部で発生した事例を自らの組織に当てはめて考えない手はない，という癖をトップにも植えつけるということになります．欧米の先進組織では，BCMの取組みは創造的（クリエイティブ）な活動と位置づけており，たまたまその組織が経験してきたことだけにとらわれずに，外部で発生した事例を取り込むにとどまらず，国際情勢，政治要因，地政学的要因，気候変動要因など様々な要因を取り入れて，これから何が起きようとしていて，それに対して組織はどのようにどこまで対応できるのか，といったことを常に考えられるような人材を育成したり，組織文化を醸成しようと努めています．さらに具体的には「connect the dots」（組織内外で散発的に発生している事象を分析し，その動的構造を理解し，今後に備える）という機能を人的にも組織的にももとうとしています．

(3) 主要取引先やサービス利用者への働きかけ

これは一種の「外圧」を利用することになりますが，主要な取引先やサービス利用者に働きかけて，外部からトップの耳に入れ込むというアプローチです．理想的には組織の内部努力によって，トップ自らの問題意識に基づきBCMへの取組みを推進することが望まれますが，それがかなわない状況においては前述の各種の取組みに加えて，このような「外圧」を利用することも選択肢として考えられます．実際にBCMに取り組み始めた組織のかなりの数が，取引先からの要求に対応するため，ということを事由の一つに挙げているという現実もあります．

(4) 同業他社の担当者との情報交換

コンタクトのある同業他社のBCM担当者からの情報をとりまとめて，トップにより積極的な取組みを促すことも有効です．ここで大切なのは「横並び」で「ここまででよいようです」ではなく，「ここまでやっているところがあるようです」というトーンで話をすることでしょう．

2.6 BCM 文化の醸成

Q 28 トップに参加してもらうにはどうしたらよいですか？

BCM はそもそも組織経営の基本です．BCM に対してトップの参加意識の低い組織は，早晩，何らかの障害や事件・事故への対応のまずさを通じて意識の低さが露呈するでしょう．そして，そのことを「想定外であった．再発防止に努める」といった，このところ無責任な経営者の常套文句となってしまったような説明を繰り返している間に，組織の社会的な評価や経済的な価値が低下し，場合によっては市場を失い，廃業や事業売却といった事態に追いやられる場合がありえます．

このため，より積極的にトップに参加してもらうための方策を講じる必要があるでしょう．

(1) 事業インパクト分析（BIA）と財務諸表への影響シミュレーション

事業インパクト分析（BIA）の延長の試みとして，想定される事業中断が組織の財務諸表（バランスシートや損益計算書）やマーケットシェアなどに経済的にどのように影響を及ぼす可能性があるのかを，悲観的・標準・楽観的といった三つほどのシナリオを用いながら数値として試算してトップに報告することが効果的と考えられます．組織のトップの多くは，投資対効果が見えないことを理由に本格的な BCM の取組みを躊躇しています．そのため，具体的な数字をもって経営者にその影響の経営指標への感応度を体感させるという効果が期待できます．

ここで重要なのは BIA の正確さということではなく，事業中断がどのようなメカニズムでどのように組織の経営指標に影響しうるのか，その感応度はどのようなものなのか，といった感覚をトップにもたせることが肝要だ，ということです．

実際のところ，経済的な影響については，障害や事件・事故が発生し

てみないとわからないという部分があります．これまでも財務諸表への影響シミュレーションのモデルを作り上げる試みはされてきましたが，その正確性という部分においては確立されたモデルや方法論は存在しないというのが現実です．組織全体の社会的責任を全うし，レジリエンシーや企業価値の向上を目指すBCM担当者としては，ある程度もっともらしい数値を用いながらトップの参加意識の向上を図っていく知恵の絞りどころともいえます．影響シミュレーションのシナリオには，実際に組織で発生した障害や事故・事件，またそこまでには至らなかったニアミスなどを，Q 27の「what-if」の考え方で更に深刻になった事態を想定して取り込んでみるのも，より具体性を増すためにも効果的です．

(2) 訓練への参加

ここでいう訓練とは，Q 20で述べた「演習」に相当するものです．トップに参加してほしい訓練は，「想定外のシナリオも含めて，組織の機能の総合的な対応力を検証し，今後の課題を抽出する」ものです．ここで重要なのは，トップの意志決定と指揮命令が問われるように計画することです．この意志決定と指揮命令にかかる課題を抽出することをせずに，事前に知らされた訓練シナリオに基づき，それほどの課題を抽出できるようなミスや気づきもなく，最終的には「相応の結果」が得られてしまうと，トップが参加する意味合いがなくなってしまいます．

こうした訓練においては，実際に事業継続が脅かされる状況が発生する前にできるだけ多くの問題点や課題を抽出できるような取組みを行い，組織全体のレジリエンシー（しなやかな復元力）を向上させ，そのためには訓練で失敗したことや，気づいたことを負の評価を受けずに，客観的に分析して，その後の取組みへの提言としてとりまとめられるような雰囲気にすることが，訓練の責任者には求められます．

2.7 その他

Q 29　情報セキュリティと BCM の関連はどうなっていますか？

　BCM の取組みの中でも IT 関連の部分については，これまで多くの組織が多かれ少なかれ導入してきた情報セキュリティの体制と重なる部分があります．ここでは，一つの組織内で情報セキュリティと BCM をどのように整理できるのかを簡単に考えてみたいと思います．

(1)　情報セキュリティの3原則

　情報セキュリティといいますと，組織が保有する財務情報，設計情報，商品情報，顧客情報といった経営上必要な情報や記録（紙媒体，電子媒体といった形態は問わず）を内部から漏洩させない，あるいは，外部から盗まれないようにすることが中心だと思われがちですが，正確には1992 年に OECD（経済開発協力機構）が発行した『情報システムのセキュリティのためのガイドライン』の定義を用いると情報セキュリティの目的は，次のとおりであり，必ずしも情報を守り通すことだけが目的ではないのです．

① 守秘性（Confidentiality）
② 完全性（Integrity）
③ 可用性（Availability）

(2)　現在の情報セキュリティ運用上の問題点

　現在，多くの組織が取り組んでいる情報セキュリティの具体的活動は，2005 年に全面施行となった個人情報保護法の影響もあってか，上記のうち「守秘性」を確実にすることに偏っています．そのため，業務上利用したい部門や担当者が，利用したいタイミングや形態で情報を活用できなくなっているような，「可用性」が損なわれているケースも散見されるようになってきました．マスコミが組織の情報漏えいについて，その情報の内容，重要性，件数や実被害の規模にかかわらず，大きく報道

する傾向にあるという状況も原因として考えられるかもしれません．組織がこのような状況ですと，通常時に様々な情報を分析・駆使して新しいビジネス上の付加価値を創造したりするような活動が制限されてしまいます．特に，障害や事件・事故発生時に復旧に必要な情報が取り出せない，あるいは取り出せたとしても使えないという状況に陥り，事業継続の取組みを妨げる要因になる可能性も高くなってきました．

(3) 情報セキュリティと BCM の密接な関係

上記のような状況を考えますと，組織にとっていずれも重要な情報セキュリティと BCM を共存させるためには，情報セキュリティの目的の一つである「可用性」にもう少し注目して，守秘性と可用性のバランスをどう取るべきなのか議論すべきでしょう（「完全性」はいずれにしても必要です）．緊急時には，事業継続に必要な情報の可用性を上げるために，守秘性のセキュリティ・レベルを一時的に下げる，といった柔軟な運用も求められます．

2008 年 9 月に公開された経済産業省の『IT サービス継続ガイドライン』では，事業継続マネジメントを支える IT サービス継続の領域と情報セキュリティとの関係を，図表 2.27 のように整理を試みています．

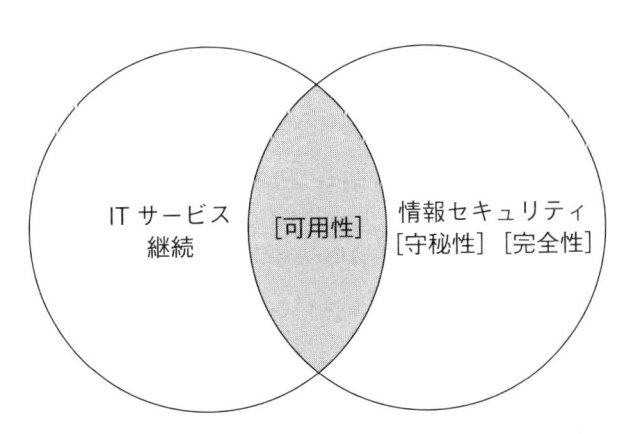

図表 2.27　可用性の観点で密接な関係にある IT サービス継続と情報セキュリティ

2.7 その他

Q 30　BCM に取り組んでいる企業の市場からの評価はどのような状況ですか？

　BCM に積極的に取り組んでいることが，自らの広報，実際の障害や事件・事故からの早期復旧，外部専門家・組織からの評価などによって，市場から企業価値の向上につながるものという見方をされつつあります．具体的には，株価の安定や上昇，取引量の安定や増加といったタンジブル（有形）な経済的効果や，信用力の増加，ブランド価値の増加，就職希望者（新卒・中途）の増加といったインタンジブル（無形）の効果を望むことが可能となります．

(1)　市場からの要請の高まり

　企業に投資をしている投資家（個人・機関）は，中長期的な投資対象を選択したり，保有するポートフォリオ（資産構成）の見直しをかけたりする際に，障害や事件・事故が発生した場合でもどれだけの弾力性で業務を回復する力（レジリエンシー）をもっているか，といった観点をもち始めています．その背景には，ある障害や事件・事故が発生するまでは，隆々として何の兆候も見せなかった企業が，実際の復旧過程の稚拙さや失敗から立ち直れず，株価が下がったり，それどころか廃業や業務売却に至ってしまったりするような事例を，このところ多く見るようになった，ということがあると思います．インシデントへの対応の巧拙による株価の推移については，英国のコンサルティング会社が分析をしており，うまく対応できた企業の株価は中長期的にはインシデント発生前よりも上昇するという報告がなされています（図表 2.28 参照）．

(2)　市場からの評価の傾向

　上記のような，組織のレジリエンシーに関する評価をする市場の参加者は投資家に限りません．信用力やブランド価値といったインタンジブル（無形）の価値も含めると，取引先，消費者，金融機関，従業員，地

第2章　Q&Aで知るBCMの実際

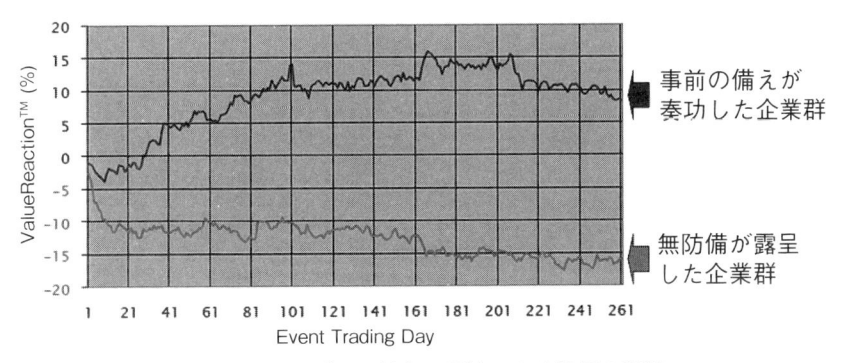

図表2.28　インシデント対応の巧拙による株価の推移

域コミュニティ（住民や自治体），さらには法規制に基づき監督義務のある当局といった，ステークホルダー（利害関係者）全般となります．金融機関の場合には，BCMの取組み具合を評価によって貸出金利を引き下げたり，また，保険料を引き下げたりといった仕組みがすでに商品化されています．このような経済的インセンティブが更に税制優遇の分野にまで展開されると，組織の経営者にとってはBCMにより取り組みやすい環境が整います．

(3)　海外の動向

海外ですが，特に欧米の主要な格付機関には，投資家から投資先のレジリエンシーに関する評価を求める要請が強まっており，格付けに必要なヒストリカル・データ（BCMの導入状況とインシデント後の株価推移等の実績データ）の積上げ方法も含めてその枠組みの検討を開始しています．また，経済的インセンティブの導入という観点からは，韓国で新たに導入された法律に基づき，BCMや防災力の認定を受ければ，借入れ金利や保険料の引下げに加えて，政府機関入札時に有利な加点をもらえる，というような明確なインセンティブを導入して，国内組織全体の底上げを図っています．また企業側も，IR情報や営業部門が顧客に提示するパンフレットなどに，自社のレジリエンシーやBCMの取組みを明記してアピールする企業が増えています．

資料1　自治体がまとめたガイドライン

名　称	所　管	概　要	備　考
静岡県事業継続計画モデルプラン	静岡県産業部商工業局商工振興室	中小企業庁の中小企業BCP策定運用指針をもとに，浜松地域の製造業と沼津地域の商店を事例として策定	http://www.pref.shizuoka.jp/sangyou/sa-510/bcp/index.html
徳島県企業防災ガイドライン（web仕様）	徳島県商工政策課	県内企業の防災と事業継続の体制強化による「徳島企業ブランド」の確立を目指す．	http://www1.pref.tokushima.jp/005/01/kibou/
中小企業の防災・事業継続の手引き	埼玉県産業労働部産業労働政策課　財団法人埼玉県中小企業振興公社	事業継続計画やガイドラインを簡易な形でとりまとめている．	http://www.saitama-j.or.jp/~bcp/bcp-manual.pdf

資料2　主なカタカナ用語の定義（50音順）

インシデント（incident）

　分野によっては，実際に発生した事故（accident）に対して，事故にはならなかったが事故に至る可能性がある事態が発生した潜在的な事例のことをインシデントとして使い分ける場合もありますが，本書ではインシデントを，自然災害，人的災害，意図的・非意図的といった分類を問わず，幅広く「事件・事故」といった意味合いで定義しています．

インパクト・ベース（impact-based）

　インシデントが発生した結果として起こる事象を対象として，その対策を講じるアプローチで，事業継続マネジメントの基本スタンスです．本書ではリスク・ベースでの取組みの限界と対比しながら解説を進めています．

エスカレーション（escalation）

　エスカレーションする機械，すなわちエスカレーターでイメージできるように，物事を段階的に上位に持ち上げていく行為のことを指します．事業継続マネジメントにおいては，発生した事象の対応状況の上位マネジメント層への報告や，事象がさらに拡大する可能性があったり，また対応に限界が生じた際により上位マネジメント層での対応を求める仕組みのことを指します．

オール・ハザード（all-hazard）

　オール・リスク（all-risk）ともいわれますが，事業継続マネジメントを行うスタンスとして，インシデントの原因となる事象（例えば，地震，洪水，火災，テロ攻撃，システム障害など）にとらわれずに，インシデントとして発生した事象（例えば，社屋への立ち入り不能，工場の生産ラインの停止，情報システムの停止，従業員・職員の出勤不能など）をベースに取り組むアプローチのことです．

ステークホルダー (stakeholders)

ステーク (stake) には利害関係という意味がありますので，ステークホルダーはその保持者，すなわち利害関係者ということになります．一般的には，組織などの活動や経営結果について直接的・間接的な利害関係をもつ，投資家，債権者，顧客（消費者），取引先，従業員・職員，行政（所管省庁，監督当局，自治体など）や地域社会が具体的なステークホルダーとして定義されます．

マネジメントシステム (management system)

組織が方針及び目標を定め，その目標を達成するためのシステムと定義され，PDCA (Plan-Do-Check-Action) サイクルを回しながら継続的に取り組む経営の枠組み（フレームワーク）のことです．このマネジメントシステムについては，品質マネジメントに関するISO 9000シリーズ規格や環境マネジメントに関するISO 14000シリーズ規格があり，第三者認証の制度も整備されています．

リスク・ベース (risk-based)

これまでの防災などの取組みに見られるアプローチで，地震・水害・火災といった具体的なリスク事象を対象として，個別に対策を講じることになりますが，想定外の事象が発生した場合には，対応が混乱するという限界があります．

レジリエンシー (resiliency)

もともとは材料工学や物性工学などの分野で，形状記憶金属など外圧によって変形しても，またもとの形に戻る物質がもつ特製や回復力のことを指す用語ですが，これを経営分野に当てはめて，「弾力性のある回復力」とか，「しなやかな復元力」という意味合いで用いられます．具体的には，企業や行政組織の経営において，なんらかのインシデントが発生した場合でも，いち早く事前に定めた業務レベルまで復旧させるという能力や実行力のことを指しています．

引用・参考文献

[1] BS 25999-1：2006 Business continuity management—Part1：Code of Practice
[2] BS 25999-2：2007 Business continuity management—Part2：Specification
[3] 企業と防災に関する検討会議(2003)：企業と防災～今後の課題と方向性～
[4] 経済産業省(2005)：事業継続計画策定ガイドライン
[5] 中小企業庁(2006)：中小企業BCP策定運用指針
[6] 中小企業庁(2008)：中小企業BCPガイド
[7] 中央防災会議(2005)：事業継続ガイドライン第一版
[8] Rory Knight and Deborah Pretty(2001)：*Reputation and Value: The case of corporate catastrophes*, Oxford Metrica
[9] FEMA(2004)：*Federal Preparedness Circular : FPC65*
[10] 内閣府防災担当(2007)：中央省庁業務継続ガイドライン第1版
[11] OECD(2002)：*Guideline for the Security of Information Systems and Networks: Towards a Culture of Security*
[12] NIST SP800-34(2002)：*Contingency Planning Guide for Information Technology Systems*
[13] 総務省消防庁(2007)：消防計画作成ガイドライン
[14] 厚生労働省(2008)：事業者・職場における新型インフルエンザ対策ガイドライン
[15] 財団法人金融情報システムセンター(2006)：金融機関等におけるコンティンジェンシープラン策定のための手引書
[16] インターリスク総研(2007)：BCMに関する企業実態調査
[17] 経済産業省(2008)：ITサービス継続ガイドライン
[18] OxfordMetrica社資料（http://oxfordmetrica.com/pdf/OMMassFatalitiesBriefing.pdf）

著者略歴

小林　誠
<small>こばやし　まこと</small>

立命館大学院　経営管理研究科客員教授，㈱インターリスク総研　研究開発部部長（主席研究員）

1952年生まれ．76年3月東京大学工学部卒．同年住友海上火災保険㈱入社．リスクコンサルティング部門をへて，1993年1月より現職．専門は，自然災害等防災全般，リスク評価．主な業績は『リスク・ベースのLCC研究の課題―損害保険の役割―（建築学会，2002年）』『海外の学校防犯対策に関する調査研究(社会安全研究財団，2002年)』『JIS Q 2001の適用例―中小企業への適用―（日本規格協会，2001年)』『企業の地震対策と危機管理(倉庫協会，2000年)』ほか多数．著書には『企業の地震対策Q&A 100（日刊工業新聞社，2007年)』『この一冊ですべてがわかるリスクマネジメントシステム　第二版（共著，日刊工業新聞社，2007年)』『危機管理対策必携　事業継続マネジメント（BCM）構築の実際（共著，2006年)』『構造工学ハンドブック（共著，丸善，2004年)』ほか．JIPDEC BCMS準備運営委員会委員，中小企業庁BCP有識者会議委員，危機管理システム学会理事．

渡辺　研司
<small>わたなべ　けんじ</small>

長岡技術科学大学　大学院技術経営研究科准教授

1961年生れ．86年京都大学農学部(砂防工学)卒業．富士銀行入行．97年PwCコンサルティングに移籍後，金融ビジネスに関するコンサルティング業務をへて2003年より現職．JIPDEC BCMS準備運営委員会委員長，内閣官房情報セキュリティ政策会議重要インフラ専門委員会委員，経済産業省産業技術環境局ISOセキュリティ統括委員会委員（事業継続計画WG主査），内閣府企業等の事業継続・防災評価検討委員会委員，NPO法人事業継続推進機構（BCAO）副理事長などを兼務．英国BCI会員．工学博士．MBA．

やさしいシリーズ 21
BCM（事業継続マネジメント）入門

定価：本体 900 円（税別）

2008 年 11 月 27 日	第 1 版第 1 刷発行

著　者　小林　誠・渡辺　研司
発行者　島　弘志
発行所　財団法人　日本規格協会
　　　　〒107-8440　東京都港区赤坂 4 丁目 1-24
　　　　　　　　　　http://www.jsa.or.jp/
　　　　　　　　　　振替　00160-2-195146
印刷所　株式会社平文社
製　作　有限会社ファインアーツ

Ⓒ Makoto Kobayashi, Kenji Watanabe, 2008　　　Printed in Japan
ISBN978-4-542-92022-4

当会発行図書，海外規格のお求めは，下記をご利用ください。
　　出版サービス第一課：(03)3583-8002
　　書店販売：(03)3583-8041　　注文FAX：(03)3583-0462
　　JSA Web Store：http://www.webstore.jsa.or.jp/
編集に関するお問合せは，下記をご利用ください。
　　編集第一課：(03)3583-8007　　FAX：(03)3582-3372
●本書及び当会発行図書に関するご感想・ご意見・ご要望等を，
　氏名・年齢・住所・連絡先を明記の上，下記へお寄せください。
　　e-mail：dokusya@jsa.or.jp　　FAX：(03)3582-3372
　　（個人情報の取り扱いについては，当会の個人情報保護方針によります。）

やさしいシリーズ

№	書名	著者	仕様
①	ISO 9000 入門	上月宏司・井上道也 共著	A5判・116ページ 定価945円(本体900円)
②	[2004年改訂対応] ISO 14000 入門	吉村秀勇 著	A5判・118ページ 定価945円(本体900円)
③	PL 入門	山口正久 著	A5判・114ページ 定価945円(本体900円)
④	改善の進め方入門 事例で学ぶポイント	島田善司 著	A5判・144ページ 定価945円(本体900円)
⑤	標準化入門	梅田政夫 著	A5判・112ページ 定価945円(本体900円)
⑥	TL 9000 入門 電気通信業界のためのQMS規格	『TL 9000入門』編集委員会 編	A5判・102ページ 定価945円(本体900円)
⑦	ISO/TS 16949 入門	菱沼雅博 著	A5判・96ページ 定価945円(本体900円)
⑧	労働安全衛生(OHSAS)入門	平林良人 著	A5判・108ページ 定価945円(本体900円)
⑨	食品衛生新5S入門	米虫節夫 編/角野久史・衣川いずみ 著	A5判・92ページ 定価945円(本体900円)
⑩	ISO 22000 食品安全マネジメントシステム入門	米虫節夫・金秀哲 著	A5判・112ページ 定価945円(本体900円)
⑪	HACCP 入門	新宮和裕 著	A5判・112ページ 定価945円(本体900円)
⑫	国際標準化入門	奈良好啓 著	A5判・112ページ 定価945円(本体900円)
⑬	CSR 入門	小野桂之介 著	A5判・94ページ 定価945円(本体900円)
⑭	品質管理入門	鐵健司 著	A5判・122ページ 定価945円(本体900円)
⑮	JIS マーク品質管理責任者	大滝厚 監修/日本規格協会 編	A5判・96ページ 定価945円(本体900円)
⑯	はじめての品質工学 初歩的な疑問を解決しよう	矢野耕也 著	A5判・112ページ 定価945円(本体900円)
⑰	ISO/IEC 27001(JIS Q 27001) 情報セキュリティマネジメント	高取敏夫・竹田栄作 共著	A5判・108ページ 定価945円(本体900円)
⑱	食品トレーサビリティシステム	新宮和裕・吉田俊子 著	A5判・112ページ 定価945円(本体900円)
⑲	より多くの人が使いやすい アクセシブルデザイン入門	星川安之・佐川賢 共著	A5判・96ページ 定価945円(本体900円)
⑳	JIS Q 15001 個人情報保護マネジメントシステム入門	鈴木正朝 著	A5判・104ページ 定価945円(本体900円)

JSA 日本規格協会   http://www.jsa.or.jp/